职业教育校企合作开发教材

门店运营管理实务

Mendian Yunying Guanli Shiwu

林晓玲　马舒琴　主编

高等教育出版社·北京

内容提要

本书是根据《中等职业学校市场营销专业教学标准（试行）》开发的职业教育校企合作教材。

本书内容分为六个项目，主要包括：开店规划管理、门店形象管理、资金管理、商品管理、销售管理、日常营业管理。

为便于教学，本书配有演示文稿、授课教案、参考答案等数字化教学资源，以学习卡、二维码的形式呈现，获取和使用方法详见本书最后的“郑重声明”页。

本书可作为职业院校市场营销、连锁经营与管理等商贸类专业教学用书，也可作为相关行业企业从业人员的培训或自学参考用书。

图书在版编目（CIP）数据

门店运营管理实务 / 林晓玲，马舒琴主编．--北京：高等教育出版社，2022.3

ISBN 978-7-04-057531-6

Ⅰ．①门…　Ⅱ．①林…　②马…　Ⅲ．①商店-运营管理-中等专业学校-教材　Ⅳ．①F717

中国版本图书馆 CIP 数据核字（2021）第 262084 号

策划编辑　丁孝强　　责任编辑　丁孝强　　封面设计　张　志　　版式设计　王艳红
插图绘制　李沛蓉　　责任校对　吕红颖　　责任印制　朱　琦

出版发行	高等教育出版社	网　　址	http://www.hep.edu.cn
社　　址	北京市西城区德外大街 4 号		http://www.hep.com.cn
邮政编码	100120	网上订购	http://www.hepmall.com.cn
印　　刷	三河市骏杰印刷有限公司印刷		http://www.hepmall.com
开　　本	889 mm×1194 mm　1/16		http://www.hepmall.cn
印　　张	12.5		
字　　数	250 千字	版　　次	2022年 3 月第 1 版
购书热线	010-58581118	印　　次	2022年 3 月第 1 次印刷
咨询电话	400-810-0598	定　　价	33.80 元

物 料 号　57531-00

前　言

2019 年 1 月，国务院颁布《国家职业教育改革实施方案》提出：“建设一大批校企‘双元’合作开发的国家规划教材，倡导使用新型活页式、工作手册式教材并配套开发信息化资源。”基于此，同时根据职业教育课程改革的思路与职业学校人才培养目标的要求，与广东省顺客隆商业连锁有限公司共同编写了这本校企合作教材，以供职业院校市场营销、连锁经营与管理等专业的学生使用。本书的主要特点如下。

（1）着重培养学生的职业岗位能力和实践能力。本书以门店运营的进货、销售、存货流程为主线，将门店运营管理岗位业务分解设计成若干个具体的工作任务，包括开店规划管理、门店形象管理、资金管理、商品管理、销售管理和日常营业管理。力求帮助学生熟悉门店运营管理岗位的相关业务知识，掌握门店资金、商品及销售管理等基本技能，达到门店运营管理岗位职业标准的相关要求，培养学生诚实守信、认真负责、善于沟通与合作的职业道德和工作能力。

（2）遵循现代职业教育规律，采用校企“双元”合作开发的新型工作手册式教材，结合学生认知程度和企业门店实际情况，实行任务教学、任务引领。课堂上发挥学生的主体作用，以学生能力提升为主线和主要抓手。教材内容紧紧围绕门店运营管理岗位的工作任务，循序渐进，同时通过任务情境模拟、技能实训、门店运营任务单实训等方式强化训练，在整个教材中体现了“理实一体化”的职教课程理念。

（3）在编写体例上更适合中职学校学生的学习特点。对教材中的知识点，尽量用图表表述，用大量的图片和表格替代大段的文字描述，降低了学生的学习难度，让学生更容易理解。

（4）注重实践教学。本书注重以任务情景练习、模拟任务单操作、技能实训等方式展开实践教学，可操作性强、步骤清楚，留有让学生进一步思考和发挥的余地，能很好地培养学生的实践操作能力。

本书可作为职业院校市场营销、连锁经营与管理等商贸类专业教学用书，也可作为相关行业企业从业人员的培训或自学参考用书；可单独使用，也可与模拟公司综合实训系列教材配套使用。

本课程建议学习 72 学时，学时分配见下表（供参考）。

项目	课程内容	学时数		
		讲授	实践	合计
1	开店规划管理	7	5	12
2	门店形象管理	6	4	10
3	资金管理	5	3	8
4	商品管理	7	7	14
5	销售管理	9	7	16
6	日常营业管理	4	4	8
机动				4
合计				72

本书由广东省顺客隆商业连锁有限公司叶倩君经理担任顾问，由佛山市陈登职业技术学校林晓玲、马舒琴担任主编，曹艳琴、高翠英、许飞燕担任副主编，廖智文、范楠、霍锦焕参与编写。

本书在编写过程中，借鉴了大量国内外有关门店运营管理的理论和案例，吸收了一些专家、学者、教师和企业人员的工作成果，在此一并表示衷心的感谢！

由于时间仓促及水平有限，书中不当与疏漏之处恳请同行及读者不吝赐教。

编者

2021年5月

目　录

项目1

开店规划管理

项目概述

开店经营是人们较常采用的一种经营模式。开什么店，店址选在哪，如何筹集资金等都需要规划，开店规划并非一件简单的事。本模块共有五个学习任务，通过本项目的学习和训练，可以帮助学习者提高开店规划能力，有步骤地进行开店活动。

任务1.1 确定合伙人签订合伙投资协议书

【任务目标】

1. 了解合伙企业的优势和弊端。
2. 根据合伙经营的注意要点确定合伙人，建立合伙企业。

3. 确定合伙协议书的主要内容。

4. 确定出资额，签订合伙协议书。

【任务情境】

刚刚毕业的小陈，在父母的支持下，准备与朋友合伙开办一间便利店。小陈需要慎重选择合伙人建立合伙企业，确定合伙人的出资额并签订合伙协议书。由于合伙企业本身存在一些很难克服的弊端，因此小陈需要认清这些弊端，利用合伙企业的优势，正确选择合伙人。那么小陈应该注意哪些要点才能更好地办好合伙企业呢？合伙协议书的主要内容有哪些？小陈应该怎样拟订合伙协议书并签订合伙协议书呢？

【应知应会】

一、合伙企业概述

（一）合伙企业的优点

1. 合伙企业的日常管理更加轻松

俗话说，“三个臭皮匠，赛过诸葛亮。”精心挑选伙伴，可以使合伙企业的日常管理容易得多。合伙伙伴各个发挥自己的专业和技能，可以进一步提高企业的经营管理水平。

2. 合伙经营可以保证更多的资金来源

因为每个人拥有的资金都是有限的，就仿佛一个碗装水，装得再满也还只是一碗水。如果几个人合伙，则好比多个碗装水，多碗水和在一起总比一个碗装的水多。有了足够的资金来源，企业的经营规模、经营档次、等级等方面自然也会有相应的提高，也就能做更多的事情。所以，合伙经营的筹资方式可以说是中小型门店扩大经营、发挥更大潜力的一种可供选择的最佳方式。

3. 双方冲突点相对比较少

在合伙企业，有出钱的，有出力的，日常的经营管理中合伙成员所侧重的事务各不相同，彼此的冲突点相对来说比较少。合伙人只要人品好，相互之间坦诚相待，其他就更便于沟通多了。

4. 有利于各种资源整合

一起合伙开店，相对于一个人创业来说有更多好处。最典型的是，除了有更多的资金来源以外，还能更好地实现资源整合。包括彼此社会关系的相互利用、技术和管理诀窍的相互融合、生产设备的相互补充，等等。只要有合适的处理方法，这些资源的相互整合就能够推动企业快速起步和发展。

5. 管理更加正规化

几个人合伙开店，在日常的经营管理中彼此可以相互监督，既能充分发扬民主，又能相互制约。这可以避免一个人独断专行，更容易实行正规化管理，为事业的发展壮大奠定重要基础。

（二）合伙企业的弊端

1. 无限的债务

合伙经营存在着无限的债务。与独资企业相比，这种债务对业主的影响会更持久、更大。一个合伙人自加入合作那天开始就有了负债的义务。同样的道理，一个合伙人不仅要偿付自己的负债，还需要在自己的全部财产范围内，负有偿付其他合伙人所负债的责任。承担无限责任对每一个合伙人都是非常重大的风险。

2. 企业的寿命有限

合伙经营还存在时间上的限制。所谓企业存在时间的有限性，即指企业寿命的有限。因为合伙经营的形式是几个合伙人共同出资办企业，因此，每一个合伙人的行为方式、生老病死都会对企业产生影响，任何合伙人的死亡或宣告破产，都可能会导致合伙企业的消亡。

3. 经营权力分散

由于合伙人的加入，企业的经营管理权必须分散。有关企业方针、资金规划、人事管理及发展方案等都将产生变化。权力分散在合伙人之间，意见分歧就有所体现。

4. 容易造成分道扬镳

合伙开店一旦出现问题，更容易造成分道扬镳，甚至破坏多年的友谊，多年的朋友、合伙伙伴从此形同陌路。之所以容易造成分道扬镳局面，一般是因为合伙伙伴的发展思路不一致，或经营方针不统一等大方向上存在分歧。

5. 好的合作伙伴难寻

合伙开店无所谓好或不好，关键是志趣相投，彼此可以充分发挥各自的长处。但是选择一个好的合作伙伴确实很难，往往是成功的较少，失败的居多，这就需要团队合作意识较强的合作伙伴。

（三）合伙经营的注意要点

1. 审核合伙人条件

① 有两个以上的合伙人，且都是依法承担无限责任者；② 有书面的合伙协议；③ 有各个合伙人实际缴付的出资；④ 有合伙企业的名称；⑤ 有经营场所和从事合伙经营的必要条件。

2. 开设一个公用的银行账户

合伙规划开店之前，最好有一个公用的银行账户，按照协商好的协议先行把要用于投资经营的资金存入银行。

3. 支出和收入有单有据

资金的使用一定要有透明度。为了避免以后的纠纷，日常经营管理中做好账款的登记，尽量做到钱款的支出和收入都要有单有据。有单有据还有利于相互监督。

4. 明确分工协作的内容

合伙人之间的分工协作内容一定要明确。确定好谁该做什么工作，出现问题时该如何协商处理等。投资的股权只作为分红的标准，如果遇大小事务所有合伙人都要商量，有时也会耽误时间。因此，需要具体明确在日常事务上有一个人做决定，或者适当地下放每个人的权力。在遇到大事情的时候，如加股、增加合伙人等一切有可能影响到店铺重大利益的问题，必须以所有合伙人意见一致为通过的基础。否则，很容易影响到较弱一方的利益。

5. 确定经营收入利润分成

经营收入的利润如何分成应该予以明确，且必须在开业之前协商好。最重要的是合伙人之间相互理解和信任。

6. 合伙人奇数安全

合伙企业的人数也很有讲究，一定要奇数的人数合伙才安全，这样合伙人之间才能相互监督。当然，这也要考虑到出资情况。企业是以资金说话，当人数处于次要地位时，出资比例便会显得至关重要，在资金上占有绝对优势的，企业当然就由其做主。

7. 沟通最重要

合伙人要坚定信念，团结一致。如果各个合伙人总在计较个人得失，注定不会有好结果。创业期间必须以这个店铺为第一。平常多沟通，才能真正团结起来。

二、确定资金额，签订合伙协议书

（一）合伙协议书的主要内容

根据《中华人民共和国合伙企业法》（以下简称《合伙企业法》），合伙协议书主要应载明下列事项。

（1）合伙企业的名称和主要经营场所的地点。

（2）合伙目的和合伙企业的经营范围。

（3）合伙人的姓名或者名称、住所。

（4）合伙人的出资方式、数额和缴付期限。

（5）利润分配、亏损分担方式。

（6）合伙事务的执行。

（7）入伙与退伙。

（8）争议解决办法。

（9）合伙企业的解散与清算。

（10）违约责任。

（二）合伙协议书的注意事项

订立合伙协议，除了遵循合同订立的一般原则外，还应注意下列有关事项。

1. 合伙人的主体资格必须合法

参加合伙的各个自然人都必须是具有完全民事行为能力的人，限制行为能力的人和无民事行为能力的人不得成为合伙人。法律、行政法规禁止从事营利性活动的人，不得成为合伙企业的合伙人。这里所说的“禁止从事营利性活动的人”，包括国家工作人员、其他从事公务的人员（如在社会团体工作的人员等）、企业事业单位的在职职工等。

2. 合伙协议的形式必须是书面形式

根据《合伙企业法》，合伙协议应当以书面形式订立。

3. 在合伙合同中不得以“有限”或者“有限责任”字样命名合伙企业

根据《合伙企业法》，合伙企业在其名称中不得使用“有限”或者“有限责任”字样。上述字样，由依《中华人民共和国公司法》（以下简称《公司法》）成立的公司专用。合伙人不得成立《公司法》所称的公司，因此，也就不得对其成立的合伙企业使用“有限”或者“有限责任”字样的名称。

4. 合伙合同须由全体合伙人协商一致方可成立

根据《合伙企业法》有关规定，合伙协议应当依法由全体合伙人协商一致，经全体合伙人签名、盖章后生效。未经合伙人其中任何一人同意，合伙协议即不能成立。如前所述，合伙协议是诺成合同，因而在当事人各方的意思表示一致时，合同即告成立。合伙协议的当事人虽约定共同出资，但出资不以于合伙协议成立时的现实履行为要件。需要指出的是，合伙协议的成立与合伙企业的成立是有一定区别的。合伙协议虽成立，但合伙企业并不一定就成立。合伙企业须经市场监督管理机关办理登记始可成立。所以，合伙协议先于合伙企业而成立。但若合伙企业不能成立，合伙协议也就失去效力。

（三）拟订合伙协议书（范文）

合伙协议书

合伙人：甲（　　　），男（女），现住址：　　市（县）　　街道（乡、村）　　号

合伙人：乙（ ），男（女），现住址： 市（县） 街道（乡、村） 号

合伙人：丙（ ），男（女），现住址： 市（县） 街道（乡、村） 号

经三方考察认定在 街合伙开设 店，在平等、自愿、互利协商一致的基础上达成以下协议。

第一条 甲乙丙三方自愿合伙经营 店，总投资为 元，

甲：姓名： 身份证号码： 出资金额： 元

联系方式： 占投资总额的 %

乙：姓名： 身份证号码： 出资金额： 元

联系方式： 占投资总额的 %

丙：姓名： 身份证号码： 出资金额： 元

联系方式： 占投资总额的 %

本合伙出资共计人民币________元。合伙期间各合伙人的出资为共有财产，不得随意请求分割，合伙终止后，各合伙人的出资仍为个人所有，至时予以返还。

第二条 入伙、退伙，出资的转让

1. 入伙：① 须承认本协议；② 须经全体合伙人同意；③ 执行协议规定的权利与义务。

2. 退伙：① 须有正当理由方可退伙，在不给合伙企业事务执行造成不利影响的情况下，可以退伙；② 不得在合伙不利时退伙；③ 退伙需提前1个月告知其他合伙人并经全体合伙人同意；④ 退伙后以退伙时的财产状况进行结算，不论何种方式出资，均以金钱结算；⑤ 未经合同人同意而自行退伙给合伙造成损失的，应进行赔偿。

3. 出资的转让：允许合伙人转让自己的出资，转让时合伙人有优先受让权，如转让合伙人以外的第三人，第三人按入伙对待，否则以退伙对待转让人。

第三条 合伙负责人及其他合伙人的权利

1. ________为合伙负责人。其权限是：① 决定经营管理方针，对合伙事务进行日常管理；② 购进常用货物；③ 支付合伙债权；④ ________。

2. 其他合伙人的权利：① 参与合伙事务的管理；② 听取合伙负责人开展业务情况的报告；③ 检查合伙账册及经营情况；④ 共同决定合伙重大事项。

第四条 每月 日为分红日，同时召开股东会议。每月营利（总业绩）扣除所有应支出后，再扣除行政管理费、折旧提摊费（以3年为计算准则，作为装修及硬件设备更新之用），是为当月纯利润。红利按每月纯利润之金额分配。每月财务，由甲方保管，乙方监管，每月核算签字后，分红。

第五条 合伙利润分享和亏损分担

三方共同经营、共担风险，共负盈亏。企业盈余按照各自的投资比例分配。企业债权按照各自投资比例负担。任何一方对外偿还债权后，另一方应当按比例在十日内向对方清偿自

己负担的部分。本合伙企业经营期限为______年。如果需要缩短期限的，在期满前________个月办理有关手续。

第六条　他人可以入伙，但须经甲乙丙三方同意，并办理增加出资额的手续和订立补充协议。补充协议与本协议具有同等效力。

第七条　合伙人之间如发生纠纷，应共同协商，本着有利于合伙事业发展的原则予以解决。如协商不成，可以诉诸法院。出现下列事项，合伙终止：① 合伙期满；② 合伙三方协商同意；③ 合伙经营的事业已经完成；④ 法律规定的其他情况。

如有任何一方不履行协议，应承担总投资 10%的违约金。

第八条　各股东不得私自动用店里的营业额。

第九条　以上合同若有修正，甲、乙、丙三方同意后方可修正。本协议未尽事宜，三方可以补充规定，补充协议与本协议有同等效力。

第十条　本协议一式×份，合伙人各执一份。本协议自合伙人签字（或盖章）之日起生效。

合伙人：×××（签字或盖章）身份证号码

合伙人：×××（签字或盖章）身份证号码

合伙人：×××（签字或盖章）身份证号码

附身份证复印件

签约日期：××××年×月×日

【牛刀小试】

在【任务情境】中，小陈刚毕业，想开一家便利店，但由于他个人的资金和资源不足，所以他想寻找合伙人，建立合伙企业。因此，他首先需要认清合伙企业的优缺点，慎重选择合伙人，找到志趣相投又可以充分发挥各自长处的合作伙伴，双方对便利店的发展思路要一致，经营方针要统一，同时要加强店铺的制度管理，明确分工协作的内容，以防合伙人之间日后发生矛盾，最后导致分道扬镳。

小陈经过慎重考虑，确定合伙人之后，他需要与合伙人加强沟通，确定出资额和收入利润的分成比例，签订合伙协议书。小陈在签订合伙协议书前需要确定出资额，因此他需要调查了解开办便利店大约需要多少资金。

以便利店为例，它的投资费用主要有以下几部分。

第一，办营业执照等证件费用。

第二，转让费。所谓转让费，指的是店主承接一间店铺需要的费用，由新店主支付给老店主，金额因地段、面积而异。一般来说，面积越大、所处地段越繁华、越抢手的店铺，转让费越高，而一些位于很偏僻地段的店铺甚至不用转让费。

第三，店铺租金。一般来说，店铺租金因不同面积、位置而不同，在某地的市区，一个几十平方米的店铺月租金要一两万元，而在郊区、工业区、居民区则比较少，一般是1 000~10 000元之间。

第四，装修费。便利店的装修主要有招牌、地板、墙面、中央空调等，一般以简洁明亮为主，1平方米的装修费是800~1 000元，如一个80平方米的店铺，装修费是六七万元。

第五，硬件设备+软件系统费用。硬件设备主要有冰箱、冰柜、收银机、货架、餐车等，这个一般是几万元到几十万元之间，如果用二手硬件设备的，价格可以低很多。而软件系统一般是1 000到几千元，当然也不排除有的供应商免费提供。

第六，进货费用。首期进货一般几万元基本就可以把货架摆满，之后会有供应商不断向店主推销产品，有些货物是要付现金的，有些则可以压货一段时间后再结算。

第七，加盟费+保证金。如果是加盟连锁品牌便利店，还需要交加盟费和保证金，一般是几万元到几十万元，品牌越大，交的保证金越多。

以上这七项是新开一个店铺前期需要投资的钱，会因面积、地段和地域不同而成本不同，按照最低的标准，在一个偏僻的位置开一家小店，最少投资也要15万元，而一般的店铺则要20万~40万元，一些开在市区的店铺甚至要上百万元。

店铺开张后，每个月的日常开支更是一大笔费用，主要有以下几项：第一，人工成本。第二，店铺租金。第三，水电费。第四，损耗。第五，税收。考虑到便利店刚开始营业时，收入可能比较少，所以开张后还需要准备最少6个月的日常经营支出费用。因此，小陈需要与合伙人准备30万~50万元，以这个投资额为标准确定各自的出资额、出资比例和收入利润的分成比例以及签订合伙协议书。

合伙协议书

第一条　共同投资人的姓名及住所

甲方：________　　住所：________

乙方：________　　住所：________

甲乙双方共同投资人（以下简称“共同投资人”）经友好协商，根据中华人民共和国法律、法规的规定，就各方共同出资并由甲方以其名义享有________股权，并作为发起人参与________公司的发起设立事宜，达成如下协议。

第二条　共同投资人的投资额和投资方式

共同出资人的出资额为人民币________元，其中甲方出资________元，占出资总额的________%；乙方出资________元，占出资总额的________%。

双方一致同意甲方用出资总额________的股权作为出资，参与股份公司的发起设立，共同投资人将持有股份公司股本总额的________%。

第三条　利润分享和亏损分担

共同投资人按其出资额占出资总额的比例分享共同投资的利润，分担共同投资的亏损。

共同投资人各自以其出资额为限对共同投资承担责任，共同投资人以其出资总额为限对股份有限公司承担责任。

共同投资人的出资形成的股份及其孳生物为共同投资人的共有财产，由共同投资人按其出资比例共有。

若共同投资的股份转让后，各共同投资人有权按其出资比例取得财产。

第四条　事务执行

1. 共同投资人委托甲方代表全体共同投资人执行共同投资的日常事务，包括但不限于：

（1）在股份公司发起设立阶段，行使及履行作为股份有限公司发起人的权利和义务；（2）在股份公司成立后，行使其作为股份公司股东的权利、履行相应义务；（3）收集共同投资所产生的孳息，并按照本协议有关规定处置。

2. 其他投资人有权检查日常事务的执行情况，甲方有义务向乙方报告共同投资的经营状况和财务状况。

3. 甲方执行共同投资事务所产生的收益归共同投资人，所产生的亏损或者民事责任，由共同投资人承担。

4. 甲方在执行事务时如因其过失或不遵守本协议而造成共同投资人损失时，应承担赔偿责任。

5. 共同投资人可以对甲方执行共同投资事务提出异议。提出异议时，应暂停该项事务的执行。如果发生争议，由共同投资人共同决定。

6. 共同投资的下列事务必须经共同投资人同意：

（1）转让共同投资于股份有限公司的股份；（2）以上述股份对外出质；（3）更换事务执行人。

第五条　投资的转让

1. 共同投资人向共同投资人以外的人转让其在共同投资中的全部或部分出资额时，须经共同投资人同意。

2. 共同投资人之间转让在共同投资中的全部或部分投资额时，应当通知其他共同出资人。

3. 共同投资人依法转让其出资额的，在同等条件下，其他共同投资人有优先受让的权利。

第六条　其他权利和义务

1. 甲方及其他共同投资人不得私自转让或者处分共同投资的股份。

2. 共同投资人在股份有限公司登记之日起三年内，不得转让其持有的股份及出资额。

3. 股份有限公司成立后，任一共同投资人不得从共同投资中抽回出资额。

4. 股份有限公司不能成立时，对设立行为所产生的债务和费用按各共同投资人的出资比例分担。

第七条 违约责任

为保证本协议的实际履行，甲方自愿提供其所有的财产向其他共同投资人提供担保。甲方承诺在其违约并造成其他共同投资人损失的情况下，以上述财产向其他共同投资人承担违约责任。

第八条 其他

1. 本协议未尽事宜由共同投资人协商一致后，另行签订补充协议。

2. 本协议经全体共同投资人签字盖章后即生效。本协议一式________份，共同投资人各执一份。

甲方（签字）：________　　　　乙方（签字）：________

________年____月____日　　　　________年____月____日

【任务评价】

任务学习评价表

评价任务	评价关键点	配分	自评分	互评分	教师评分
确定合伙人，建立合伙企业	知道合伙企业的优点	10			
	知道合伙企业的弊端	10			
	知道合伙经营的注意要点	10			
	能选择合伙人，建立合伙企业	30			
确定资金额，签订合伙协议	知道合伙协议书的主要内容	10			
	能拟订合伙协议书	30			

【同步练习】

一、判断题（判断正误，正确的在括号内打“✓”，错误的在括号内打“×”。全书同，不再赘述）

(　　) 1. 合伙经营不能保证更多的资金来源。

(　　) 2. 合伙企业不利于各种资源整合。

(　　) 3. 合伙人志趣相投，彼此可以充分发挥各自的长处，还要人品好，相互之间坦诚相待。

(　　) 4. 几个人合伙开店，在日常的经营管理中彼此可以相互监督，既充分发扬民主，又能相互制约。

（　　）5. 每一个合伙伙伴的行为方式都会对企业产生影响，任何合伙伙伴的死亡或宣告破产，都可能会导致合伙企业的消亡。

（　　）6. 合伙伙伴的发展思路不一致，或经营方针不统一等原因可能导致合伙人分道扬镳。

（　　）7. 在规划开店之前，最好有一个公用的银行账户，按照协商好的协议先行把要投资经营的资金存入银行，双方心里都有个数。

（　　）8. 资金的使用一定要有透明度。为了避免以后的纷争，日常经营管理中做好账款的登记，尽量做到钱款的支出和收入都要有单有据。有单有据还有利于相互监督。

（　　）9. 合伙人之间的分工协作内容一定要明确。确定好谁该做什么工作，出现问题时该如何协商处理等。

（　　）10. 合伙人要坚定信念，团结一致。如果合伙人之间总在计较个人得失，注定不会有好结果。创业期间都必须以这个店铺为第一。平常多沟通，才能真正团结起来。

二、多项选择题（有两个或两个以上选项符合题意，将所选答案的序号填写在题干的括号内。全书同，不再赘述）

1. 合伙企业中合伙人的条件包括（　　　）。

A. 有两个以上的合伙人，且都是依法承担无限责任者

B. 有书面的合伙协议

C. 有各自合伙人实际缴付的出资

D. 有合伙企业的名称及经营场所

2. 合伙协议应载明的事项包括（　　　）。

A. 合伙企业的名称和主要经营场所的地点

B. 合伙人出资的方式、数额和缴付出资的期限

C. 利润分配和亏损分担方法

D. 关于违约责任要有明确的规定

3. 合伙企业的人数也很有讲究，一般要（　　　）人合伙才安全，这样才能使合伙人之间相互监督。

A. 两　　B. 三　　C. 偶数　　D. 奇数

4. 属于合伙企业弊端的有（　　　）。

A. 经营权力分散

B. 合伙人容易分道扬镳

C. 有限债务

D. 好的合伙伙伴难寻

5. 属于合伙企业优点的有（　　　）。

A. 承担有限责任

B. 获得更多的资金来源

C. 日常管理更轻松

D. 容易寻找合伙人

三、简答题

1. 合伙企业的优点和弊端有哪些？

2. 合伙经营的注意要点有哪些？

3. 合伙协议书的主要内容有哪些？

四、实训题

你准备与朋友合伙开办一家快餐店。因此，你需要慎重选择合伙人建立合伙企业，确定合伙人的出资额并签订合伙协议书。由于合伙企业本身存在一些很难克服的弊端，因此你需要认清这些弊端，利用合伙企业的优势，正确选择合伙人。那么你应该注意哪些要点才能更好地办好合伙企业呢？合伙协议书的主要内容有哪些？你应该怎样拟订合伙协议书并签订合伙协议书。

参考答案 1.1

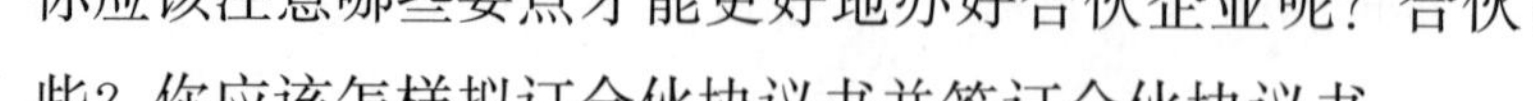

任务 1.2 门店选址

【任务目标】

1. 根据店铺发展战略，能对可能建店的地址进行调查、分析。
2. 能依据店铺选址的方法，进行比较、选定店址。
3. 能对备选店址进行店址评估。

【任务情境】

刚刚毕业的小陈，在父母的支持下，准备与朋友合伙开办一间便利店。选取的店址有学校附近、高档住宅小区附近、商业闹市区，小陈很困惑，不知应该如何进行选址，请你帮帮他好吗?

【应知应会】

一、门店选址的定义及重要性

（一）门店选址的定义

店铺选址是指根据店铺发展战略，对可能建店的地址进行调查、分析、比较、选定，并最终确定对该土地或房产的使用权的一种行为。

（二）门店选址的重要性

店铺经营的成败很大程度上取决于店址的选择。零售业有“选址的产业”之称。好的门店选址就是成功的一半。

（1）店铺投资数额较大且时期较长，店址的选择关系着店铺的发展前途。相对于其他因素来说，店址具有长期性和固定性。当外部环境发生变化时，其他经营因素都可以随之进行相应调整，以适应外部环境的变化，而店址一经确定就难以变动，店址选择得好，企业可以长期受益。

（2）店址的确定是对市场定位的选择，是商家制订经营目标和经营策略的重要参考依据。店铺地址在某种程度上决定了店铺的客流量大小、客户购买力大小及消费结构、店铺对潜在客户的吸引程度及其竞争力的强弱。

（3）店址是影响店铺经济效益的一个重要因素。“天时不如地利”，店址选择得当，意味着商家拥有优越的“地利”优势。在同行业商店规模相当，商品构成和营销服务水平基本相同的情况下，有利的店址无疑会占据较大的优势，更能为商家带来良好的经济效益。所以，在分析经济效益的过程中，绝不可忽视店址的影响作用。

二、门店选址方法

（一）商圈分析

商圈是指店铺吸引顾客的地理区域或来店顾客居住的地理范围。商圈形态可分为以下几种。

（1）商业区：消费习性为快速、流行、娱乐、冲动购买及消费金额较高。

（2）住宅区：消费习性为消费群体稳定、便利、亲切、家庭用品购买居多。

（3）文教区：消费习性为学生居多，消费金额不高，多用于休闲食品、文教用品购买。

（4）办公区：消费习性为便利、外出就餐人数多、消费金额较高。

（5）混合区：多元化消费习性。

（二）消费者调查

（1）了解消费者的购物倾向：如年龄、职业、工作地点、收入、居住地点、家庭结构、商品购物倾向等。

（2）了解消费者的购物动向：在预定设店地点对实际购物者的消费购买动向进行了解。如交通工具、购物频率等。

（3）了解顾客流动数量。

（三）竞争对手店铺调查

竞争对手店铺调查包括现有竞争对手调查和潜在竞争对手调查，调查内容有竞争对手店铺的品牌构成、商品构成、价格水平、客流量等。

（四）城市规划分析

城市规划分析包括短期规划分析和长期规划分析，主要分析交通、街道、市政、绿化、公共设施、住宅及其他建设或改造项目。

三、店址评估

备选店址一旦确定，就需着手进行评估。评估应该具体，首先是要确定评估项目，其次是进行定量化评估，最后做出相关分析并选定店址。评估项目主要包括以下几项。

（1）往来行人。

（2）公共交通设施与路况。路况指路面的宽度、交通拥挤程度以及有无交通管制等，它不仅与客流有关，也与商店上货速度有直接关系。

（3）停车场面积。

（4）商店结构。

（5）商店能见度。

（6）坐落位置。位置概念一是指距离市中心的远近；二是指距离居民区或交通干线的远近；三是指坐落于某一地段的具体位置，如拐角、中心、十字路口等。位置与店铺租金增减、客流密度等密切相关。

（7）面积大小及其建筑结构、形状。

（8）建筑物的新旧程度与装修成本。

（9）有无城建规划限制。如有无良好的水电、下水道、暖气等条件；是否位于规划红线之外；有无绿地限制等。

（10）房地产价格与利用方式、利用期限。主要看是一次性买下或是租用。房地产价格（租金）对销售价格、投资回收期会产生直接影响，而付款方式也会对实际价格产生影响，这些因素均应作具体的定量测算。

对上述各项目应视其重要程度，运用加权平均的统计方法，排出全部候选店址的得分顺序，作为决策依据。对于排位在前的店址，还须做进一步的相关分析，如销售前景分析、竞争地位分析、吸引力分析、与其他类型商店的组合与相容能力分析。在上述评估和相关分析后，就可对店址做出最后的取舍。

四、门店选址技巧

（1）同行成市。古语云：同行密集客自来。

（2）拐角效应。地处拐角的店铺橱窗陈列面积大，客流量大。宜选择客流量大的街道一面作为店铺正门。

（3）街道路口。选择显眼的街道路口，有利于吸引客流。

（4）避免坡路开店。如果路面与店面高低悬殊，则不利于吸引顾客进店，不方便顾客出入。

（5）店铺正门的朝向。受当地气候、风向、日照等因素的影响，北方城市：面向西北的店铺易受寒风侵袭；南方城市：面向西边的店铺易受西晒。

【牛刀小试】

在【任务情境】中，刚刚毕业的小陈，在父母的支持下，准备与朋友合伙开办一间便利店。选取的店址有学校附近、高档住宅小区附近、商业闹市区，假设就在你所在学校区域，你能根据以下提示帮助他选址吗？

（1）小陈需要对商圈进行调查分析。

（2）小陈需要明确所选店址附近竞争者情况。

（3）小陈需要知道店址选择的技巧。

（4）你能再说出店址选择需要注意的其他问题吗？

（5）根据任务单（见表1-1），至少对5间店铺进行选址分析。

表1-1 便利店选址及店面评估表

地　点		
A. 选址地点及交通概况	交通状况	□主干道 □次干道 □支道 □有隔离带 □无隔离带 □店前隔离带是否有出口 路宽________米、距站牌________米、公交车________路、距离路口________米
	地址属性	□主要商业街道 □步行街 □校内学生商圈 □校外学生商圈 □居民区 □企业附近 □医院附近 □车站附近 □其他人员聚集区
B. 店铺结构概况	室外	主楼高____层、楼龄____年、店铺____楼、门面宽____米、高____米、招牌宽____米、高____米、门前空场____平方米
	室内	室内平面形状 □正方形 □长方形 □不规则 使用面积____平方米、深____米、宽____米、高____米。 卷闸门 □有□无；洗手间 □有□无；仓库 □有□无。
C. 租赁条件概况	先前租户从事________行业、租期____年、每月租金____元、押金____元； 租金调幅：□租期内不调□每年上调____%；转让费______元。	

续表

<table>
<tr><td rowspan="3">D. 商圈分析概况</td><td>邻铺概况</td><td colspan="3">左右两边五家店铺依次为左：____________、____________、____________、____________、____________；
右：____________、____________、____________、____________、____________。
500 米内同类商家有：　　　　同类商家的定位：

开门营业时间平均为：____时，晚上关门时间为：____时；空铺左____家、右____家。</td></tr>
<tr><td rowspan="2">商圈</td><td colspan="3">周围 15~28 岁约占____%、学生约占______%、上班族约占____%、从商人员约占____%、当地居民约占____%、游客约占____%。</td></tr>
<tr><td colspan="3">人流统计（以每 5 分钟计算）：
周一至周五 9:30—11:30____人、双休日____人；
周一至周五 13:30—15:30____人、双休日____人；
周一至周五 17:00—19:00____人、双休日____人；
周一至周五 20:00—22:00____人、双休日____人。</td></tr>
<tr><td rowspan="2">E. 商圈内店铺营运分布概况及竞争对手分析（半径 500 米内）</td><td>店铺营运分布概况</td><td colspan="3">大型超市□有□无、日平均客流约____人、距选择店____米；学校有____家。
（其中小学______所，学生约____人、距选择店____米；中学____所，学生约____人、距选择店____米；大学____所，学生约____人、距选择店____米。）</td></tr>
<tr><td>竞争对手分析</td><td colspan="3">竞争店：□有　□无，有　　家。
第一家距选择店____米、营销模式______、规模____平方米，经营品种__________，营运状况：□优　□一般　□差；
第二家距选择店____米、营销模式____、规模____平方米，经营品种__________，营运状况：□优　□一般　□差；
第三家距选择店____米、营销模式______、规模____平方米，经营品种__________，营运状况：□优　□一般　□差。</td></tr>
<tr><td rowspan="6">F. 合作商概况</td><td>姓名</td><td></td><td>籍贯</td><td></td></tr>
<tr><td>联系电话</td><td></td><td>联系地址</td><td></td></tr>
<tr><td>预计资金投入</td><td></td><td>预计开业时间</td><td></td></tr>
<tr><td>行业经验</td><td colspan="3"></td></tr>
<tr><td>合作方式</td><td colspan="3">□公司直营　□承包经营　□合作经营　□特许经营</td></tr>
<tr><td>对公司的意见及需公司支持力度</td><td colspan="3"></td></tr>
</table>

续表

G. 审核	考察人意见	
	拓展部意见	
	营运部意见	
	总经理意见	

【任务评价】

任务学习评价表

评价任务	评价关键点	配分	自评分	互评分	教师评分
选址分析	能确定商圈类型	10			
	能进行消费者和竞争对手店铺调查	20			
店址评估	对5间店铺能进行适当的店址评估	20			
	在评估量化后对5间店铺进行排名	10			
	对5间店铺进行筛选、评价	20			
门店选址	根据经营特点选址，并做好门面构想	20			

【同步练习】

一、填空题

1. 店铺选址是指根据店铺发展战略，对可能建店的地址进行________、________、________、________，并最终________对该土地或房产的使用权的一种行为。

2. 店铺经营的成败很大程度上取决于________。

3. 店铺位置与________、客流密度等密切相关。

二、多项选择题

1. 门店选址方法包括（　　）。

A. 商圈分析　　B. 消费者调查

C. 竞争对手店铺调查　　D. 城市规划分析

2. 竞争对手分析调查内容包括（　　）。

A. 竞争对手店铺品牌构成　　B. 竞争对手店铺商品构成

C. 竞争对手店铺价格水平　　D. 竞争对手店铺客流量

3. 门店选址技巧有（　　）。

A. 拐角开店　　B. 坡路开店

C. 南方的食品店正门朝西　　D. 同行聚集

三、简答题

1. 门店选址的重要性有哪些？

2. 商圈形态有哪些？

3. 店址评估项目有哪些？

四、实训题

请选择你学校附近的一个商圈，调查其租金，假设你和你的合伙人打算开一家食品店，请你和你的合伙人一起对商圈店铺进行店址分析评估，对店铺进行相关分析排名，确定目标店铺及租金价格。

参考答案 1.2

任务1.3 门店命名

【任务目标】

1. 了解门店命名的原则。
2. 掌握门店命名的技巧。
3. 认识门店命名的规定。

【任务情境】

可口可乐公司在20世纪20年代制定中国市场策略时，决定将该公司的名称“CoCa-CoLa”直译过去，于是翻译者将该名称发音相似的汉字进行排列组合，运用在饮料的包装上，当印有这些汉字的瓶装饮料出现在市场上时，竟极少有人问津。究其原因，原来翻译过来的汉字按字间理解是“蜡制的母马”或“紧咬蜡制品的蝌蚪”的意思。试想有这样名称的公司生产的饮料谁会要呢？因而可口可乐公司重新设计名称，瓶上所注明汉字则改为“口中快乐”——可口可乐。可口可乐在20世纪20年代为什么极少有人问津？重新命名的可口可乐为什么能打开中国市场？可口可乐的命名体现了门店命名的什么原则？

【应知应会】

一、门店命名原则

（1）注重寓意、音律和广告效应。
（2）注重人和，起名时致力挖掘门店名称的文化底蕴。
（3）注重地利，起名时致力拓展门店名称的历史潜能。
（4）注重天时，起名时致力开发门店名称的时代内涵。
（5）应强化标志性和识别功能，避免雷同。
（6）应加强门店命名与品牌、商标的统一性。
（7）应避免无特征的门店名称，要凸显名称的“个性”。

二、门店命名技巧

（1）门店名称应简短明快。名称字数少，笔画少，易于和消费者进行信息交流，便于消费者记忆，同时还能引起大众的遐想，寓意更加丰富。名称字数的多少对认知程度是有一定影响的。字数越少，认识程度越高，亦即名称越短越具有传播力。如“南货”店的“南货”两字，“当铺”中的“当”字等都以简短的语言概括了其经营的内容与特性，好记易懂。

（2）门店名称应符合门店经营理念、服务宗旨，这样有助于门店形象的塑造。如蓝岛大厦的“蓝岛”两字，真有如蓝色海洋中的一座岛屿，宁静、祥和，为人们提供一方憩息之地，向消费者倾出了“蓝岛之情”，从而树立起良好的门店形象。

（3）门店名称应具备自己的个性。具有个性的门店名称可避免与其他门店名称雷同，以防混淆大众记忆，并可加深大众对门店的印象。如北辰集团的“北辰”，联想集团的“联想”等名称，都具有独特个性，使人印象深刻。

（4）门店名称应具备不同凡响的气魄，具有冲击力，给人以震撼。如顺丰集团的“顺丰快运”，象征着高效、全效。

（5）门店名称要响亮，易于上口。如“全聚德”三字，响亮而又具有节奏感，因而极具传播力。若名称拗口，节奏感不强，则不利于发音，也不利于传播，从而很难被大众接受。

（6）门店名称要富于吉祥色彩。如金利来远东有限公司的“金利来”原来叫“金狮”，因考虑到金狮用有些地方的方言表达时，读为“金输”，而将“金狮”（GOLDLION）改为“金利来”，意寓给人们带来吉祥。

（7）门店名称的选择要富有时代感。富于时代感的名称具有鲜明性，符合时代潮流，并能迅速为大众所接受。

（8）门店名称要考虑世界各地的通用性。

总之，判断一个门店名称好坏，标准在于是否易于记忆，其形象是否鲜明、表达能力强弱、独特性如何、传播是否方便等。门店名称应当是“音、形、意”的完美结合，以达到好看、好记、好印象的效果。

以往，许多门店在使用名称上常常采用多维方式，即门店名称与产品名称分离，不同产品又有不同的名称。这种方式虽然能使门店降低经营风险，但是仍有许多不足之处，比如：增加了费用，如设计费、广告费、包装设计费；不利于消费者辨别，从而造成混乱；门店名称与品牌的不一致性，不利于门店形象的树立与传播。

三、对于门店取名的几点规定

（1）一般性规定：门店名称不得含有下列内容和文字：

① 有损于国家、社会公共利益的。

② 可能对公众造成欺骗或者误解的。

③ 外国国家（地区）名称、国际组织名称。

④ 政党名称、党政军机关名称、群众组织名称、社会团体名称及部队称号。

⑤ 法律、行政法规规定禁止的。

（2）门店名称应当使用符合国家规范的汉字，不得使用外国文字、汉语拼音字母、阿拉伯数字。

（3）在名称中间使用“国际”字样的，“国际”不能作字号或经营特点，只能作为经营特点的修饰语，并应符合行业用语的习惯，如国际贸易、国际货运代理等。

（4）使用自然人姓名作字号的，该自然人应是门店的投资人或股东。需要注意的是，所用投资人姓名与党和国家领导人或老一辈革命家的姓名相同的，不得使用。

（5）以商标作字号应提交商标所有权人出具的同意函以及国家有关部门对该商标的认定证明。

（6）使用“中关村”字样的，应出具“建设中关村科技园区领导小组办公室”的意见。

（7）门店名称有下列情形之一时，不予核准：

① 与同一市场监督管理机关核准或者登记注册的同行业门店名称字号相同，有投资关系的除外。

② 与其他门店变更名称未满 1 年的原名称相同。

③ 与注销登记或者被吊销营业执照未满 3 年的门店名称相同。

④ 其他违反法律、行政法规的。

（8）门店名称需译成外文使用的，由门店依据文字翻译原则自行翻译使用，不需报市场监督管理机关核准登记。

【牛刀小试】

你所在的班级开展了一次以“好店名”为主题的调查研究活动。下面是你和班上同学收集来的一些较有代表性的“好店名”及其简要说明：“载人舟”（鞋店名。把鞋子比喻为载人之舟）、“玉壶缘”（茶叶店名。“玉壶”出自名诗句“一片冰心在玉壶”）、“光合作用书房”（书店名。把读书、吸收知识的活动比喻为植物的光合作用过程）、“家和”（家具店名。令人联想到家和万事兴，联想到“家”最重要的是亲情）、“稻香村”（食品店名。借用辛弃疾名句“稻花香里说丰年”）、“百草”（中药店名。让人联想到神农尝百草，联想到该店的中草药种类繁多）。

（1）你认为好店名最突出的一个特点是什么？请以上述“好店名”为例加以说明。

（2）班上王虹同学的舅舅待人热情，理发技术不错，他在小巷深处开了一家个体小理发店，店名叫“环球高等法院”。大家都觉得这个店名不好，想帮他换个好店名。请你分析一下为什么这个店名不妥，并帮忙拟出一个合适的店名来。________________

（3）调查周边商圈门店命名，填写表 1-2。

表 1-2　门店命名调查表

类别	门店名称	门店地址	命名技巧	生意情况（优、良、中、差）
服装店				
通信器材店				
餐饮店				
母婴用品店				

【任务评价】

任务学习评价表

评价任务	评价关键点	配分	自评分	互评分	教师评分
门店命名的理论知识	知道门店命名的重要性	30			
	认识门店命名的原则	20			

续表

评价任务	评价关键点	配　分	自评分	互评分	教师评分
门店命名实训技能	了解门店命名的规定	20			
	能正确掌握命名技巧	30			

【同步练习】

一、判断题

（　　）1. 门店名称应当使用符合国家规范的汉字，不得使用外国文字、汉语拼音字母、阿拉伯数字。

（　　）2. 门店名称不得含有损于国家、社会公共利益的内容和文字。

（　　）3. 门店名称的选择不需要富有时代感。

（　　）4. 门店名称应简短明快。名称字数少，笔画少，易于和消费者进行信息交流，便于消费者记忆。

（　　）5. 门店名称需译成外文使用的，由门店依据文字翻译原则自行翻译使用，不需报市场监督管理机关核准登记。

（　　）6. 门店名称要响亮，易于上口。如“麦当劳”三字，响亮而又具有节奏感，因而极具传播力。

（　　）7. 门店名称可以使用外国文字、汉语拼音字母、阿拉伯数字。

（　　）8. 判断一个门店名称好坏，标准在于是否易于记忆，其形象是否鲜明、表达能力强弱、独特性如何、传播方便与否等。

（　　）9. 门店名称与品牌的不一致性，不利于门店形象的树立与传播。

（　　）10. 门店名称应当是“音、形、意”的完美结合，以达到好看、好记、好印象的效果。

二、多项选择题

1. 以商品属性命名的门店有（　　　　）。

A. 百分百鞋店　　　　B. 掉渣渣肉饼

C. 佳木斯百货大楼　　　　D. 麦当劳

2. 以服务精神命名的门店有（　　　　）。

A. 百分百鞋店　　　　B. 掉渣渣肉饼

C. 佳木斯百货大楼　　　　D. 麦当劳

3. 门店起名，其方法主要有（　　　　）。

A. 与经营品性质相关

B. 与民间传说或历史名人相关

C. 与经商服务精神相关的起名

D. 以上皆不是

三、简答题

1. 简述门店命名的原则。

2. 简述门店命名的技巧。

四、实训题

假设你要创办一个公司，需要为公司取一个符合行业背景的名字，请按照不同的经营类别（采掘、制造、批发、零售、咨询、租赁、代理等），分别命名。

参考答案 1.3

任务 1.4 门店注册

【任务目标】

1. 了解门店注册的相关条件。
2. 掌握门店注册的流程。

【任务情境】

小王在某广场开了一家快餐店。经过市场调查、店铺选址和店铺命名，准备就绪后，他觉得可以开店了。合伙人小李告诉他，门店还需要注册，他便为办理门店注册进行相关的准备工作。

【应知应会】

想开办门店，那么就必须先取得营业执照，在规定的经营范围内合法生产经营，并依法进行税务登记，否则就是非法经营。门店可以是个体经营，注册为个体工商户；也可以是合伙经营，注册为有限合伙企业。

一、名称核准登记

无论是个体工商户还是有限合伙企业，注册登记时，必须先进行名称核准，主要看名称有没有违反国家相关规定，有没有已被其他公司注册，同时审核用名是否做到简明扼要，符合工商注册登记的要求。

（1）准备4个想要使用的企业名称，企业名称应该由“行政区划+字号+行业特点+组织形式”四部分组成，如“广东省顺客隆商业连锁有限公司”，可以先登录国家企业信用信息公示系统查询是否可用。

（2）去当地市场监督管理局备案企业名称预先核准申请书（市场监督管理局提供，也可在网上下载）。

（3）准备经营者（负责人）身份证原件及复印件。

（4）提供法人身份证复印件、经办人身份证复印件。

（5）3~5个工作日内领取名称预先核准通知书（见表1-3）。

表1-3　企业名称预先核准申请书

申请企业名称	顺德××家具有限公司
备选企业名称 （请选用不同的字号）	1. 佛山AA家具有限公司
	2. 佛山BB家具有限公司
	3. 佛山CC家具有限公司
拟从事的 经营范围	家具的生产、销售（只需填写与企业名称行业表述一致的主要业务项目）
注册资本（金）	50（万元）
企业类型	☑公司制　□非公司制　□个人独资　□合伙
住所地	佛山市顺德区乐从大道B88号

续表

投　资　人			
姓名或名称	证件号码	投资额（万元）	投资比例
张三	31010419780909 * * * *	25	50%
李四	31010419760509 * * * *	25	50%

（投资人写不下的，可另备页面载明并签名盖章）

二、个体工商户的注册

在核名通过之后，领取名称预先核准通知书，并同时领取个体工商户开业登记申请书。

（一）市场监督管理局办理营业执照

办理营业执照需要提交以下材料：

（1）企业名称预先核准通知书、经营者签署的个体工商户开业登记申请书；

（2）经营场地证明手续（自有的为房产证，租赁的则为租赁合同）；

（3）身份证原件，经营者照片。

提交工商注册材料到营业执照颁发下来，通常为 5 个工作日。

（二）刻制相关印章

营业执照批准并且领取后，由公安局指定的刻章单位刻制门店公章、财务章、法定代表人印章，这个只需一个工作日即可。

（三）银行开立基本存款账户

需要提交以下材料：

（1）存款人的营业执照正本；

（2）个体工商户户主身份证；

（3）开户申请。

银行开设基本账户（客户自行控制），一般 3 个工作日。

（四）税务局备案、报税

需要提交以下材料：

（1）营业执照原件和复印件；

（2）经办人和个体工商户户主身份证原件和复印件；

（3）个体工商户的对公账户原件和复印件；

（4）个体工商户公章。

（五）特殊情况注意事项

若门店经营范围涉及特殊行业，还需办理行业许可证，各行业的许可证办理所需时间没有统一标准。

三、有限合伙企业的注册

有限合伙企业注册也需先进行企业名称预先登记，在核名通过之后，领取名称预先核准通知书，然后进行注册登记。

（一）市场监督管理局办理注册登记

需要提交以下材料：

（1）《企业设立登记申请书》；

（2）全体合伙人的身份证明或主体资格证明；

（3）《指定（委托）书》；

（4）合伙协议；

（5）全体合伙人对各合伙人认缴或者实际缴付出资的确认书（以实物、知识产权、土地使用权或者其他财产权利出资，由全体合伙人委托法定评估机构评估作价的，还应提交法定评估机构出具的评估作价证明）；

（6）合伙执行人代表委派书（仅在合伙人为单位的情况下适用）；

（7）《企业名称预先核准通知书》（内容应包括投资人名录）；

（8）《企业秘书（联系人）登记表》；

（9）负责人承诺书；

（10）合伙人为外商投资企业（不含外商投资的投资性公司），合伙企业申请的经营范围涉及《外商投资产业指导目录》中限制类的，还应提交商务部门的批准文件；

（11）经营范围涉及前置许可项目的，应提交有关审批部门的批准文件。

一般 10 个工作日内可以领取营业执照。

（二）公安局备案，刻公章、财务章

需要提交以下材料：营业执照、法定代表人、经办人身份证原件及复印件到公安局备案后，由公安局指定刻章单位刻制印章。

（三）银行开立基本存款账户

需要提交以下材料：营业执照正本、副本，公司章程，法定代表人身份证原件及复印件，合伙人或股东身份证复印件，经办人身份证原件及复印件，“五章”（公章、财务章、法人章、合同专用章、发票专用章），当地银行要求提供的其他材料。前往银行进行开户。

（四）主管税务所、市场监督管理所报到

在营业执照和公章成功办理后，需要到地方国税局进行税务报到。值得注意的是，当公司完成税务报到后，需要携带银行开户许可证，营业执照副本原件和复印件，公章、财务章、法人章，及时与税务局签订三方协议，与银行基本户开户行签订三方协议，最后递交税务局，成功后即可实现电子化缴税。

【牛刀小试】

下面让我们来帮小王进行门店注册的部分流程（见表 1-4 至表 1-6）。（提示：命名可以为“顺德××快餐店”）

表 1-4　门店注册的部分流程

<table>
<tr><td colspan="4">□企业设立名称预先核准</td></tr>
<tr><td>申请企业名称</td><td colspan="3"></td></tr>
<tr><td rowspan="3">备选
企业字号</td><td colspan="3"></td></tr>
<tr><td colspan="3"></td></tr>
<tr><td colspan="3"></td></tr>
<tr><td>企业住所地</td><td colspan="3">________市________县/区____________________________路/街道________号</td></tr>
<tr><td>注册资本
（金）</td><td>____________________万元</td><td>企业类型</td><td>□有限公司　□股份公司　□分公司
□非公司企业法人　□营业单位
□非法人分支机构　☑个人独资企业
□合伙企业</td></tr>
</table>

续表

<table>
<tr><td>经营范围</td><td colspan="5">个人独资
参照《国民经济行业分类》国家标准及有关规定填写与企业名称行业表述相一致的主要业务项目</td></tr>
<tr><td rowspan="8">投资人</td><td colspan="3">名称或姓名</td><td colspan="2">证照号码</td></tr>
<tr><td colspan="3"></td><td colspan="2"></td></tr>
<tr><td colspan="3"></td><td colspan="2"></td></tr>
<tr><td colspan="3"></td><td colspan="2"></td></tr>
<tr><td colspan="3"></td><td colspan="2"></td></tr>
<tr><td colspan="3"></td><td colspan="2"></td></tr>
<tr><td colspan="3"></td><td colspan="2"></td></tr>
<tr><td colspan="3"></td><td colspan="2"></td></tr>
<tr><td colspan="6">□已核准名称项目调整（投资人除外）</td></tr>
<tr><td>已核准名称</td><td colspan="2"></td><td>通知书文号</td><td colspan="2"></td></tr>
<tr><td>拟调整项目</td><td colspan="2"></td><td colspan="3"></td></tr>
<tr><td>□注册资本</td><td colspan="2"></td><td colspan="3"></td></tr>
<tr><td>□登记机关</td><td colspan="2"></td><td colspan="3"></td></tr>
<tr><td>□其他</td><td colspan="2"></td><td colspan="3"></td></tr>
<tr><td colspan="6">□已核准名称延期</td></tr>
<tr><td>已核准名称</td><td colspan="2"></td><td>通知书文号</td><td colspan="2"></td></tr>
<tr><td>原有效期</td><td colspan="2"></td><td>有效期延至</td><td colspan="2">________年________月________日</td></tr>
<tr><td colspan="6">指定代表或者共同委托代理人</td></tr>
<tr><td>具体经办人签字</td><td></td><td>身份证件号码</td><td></td><td>联系电话</td><td></td></tr>
<tr><td>授权期限</td><td colspan="5">自　年　月　日至　年　月　日</td></tr>
<tr><td colspan="6">授权权限　1. 同意□不同意□核对登记材料中的复印件并签署核对意见；
2. 同意□不同意□修改有关表格的填写错误；
3. 同意□不同意□领取《企业名称预先核准通知书》。</td></tr>
<tr><td colspan="6">（指定代表或委托代理人、具体经办人身份证件复印件粘贴处）</td></tr>
<tr><td>申请人
签字或盖章</td><td colspan="5">年　月　日</td></tr>
</table>

表 1-5　个体工商户开业登记申请书

<table>
<tr><td>名　　称</td><td colspan="5"></td></tr>
<tr><td rowspan="7">经营者</td><td>姓名</td><td></td><td>性别</td><td></td><td rowspan="7">照　片
粘贴处</td></tr>
<tr><td>身份证号码</td><td colspan="3"></td></tr>
<tr><td>住所</td><td colspan="3"></td></tr>
<tr><td>邮政编码</td><td></td><td>联系电话</td><td></td></tr>
<tr><td>电子邮箱</td><td colspan="3"></td></tr>
<tr><td>政治面貌</td><td></td><td>民族</td><td></td></tr>
<tr><td>文化程度</td><td></td><td>职业状况</td><td></td></tr>
<tr><td rowspan="2">组成形式</td><td colspan="5">□个人经营</td></tr>
<tr><td>□家庭经营</td><td colspan="2">参加经营的家庭成员
姓名及身份证号码</td><td colspan="2"></td></tr>
<tr><td>经营范围</td><td colspan="5"></td></tr>
<tr><td>经营场所</td><td colspan="5"></td></tr>
<tr><td>从业人员</td><td colspan="2">（人）</td><td>资金数额</td><td colspan="2">（万元）</td></tr>
<tr><td colspan="6">本人依照《个体工商户条例》申请登记为个体工商户，提交文件材料真实有效。谨对真实性承担责任。
经营者签名：
年　　月　　日</td></tr>
</table>

表 1-6　委托代理人证明

委托人姓名：＿＿＿＿＿＿＿＿＿＿

委托代理人姓名：＿＿＿＿＿＿＿＿＿＿

委托代理权限：

1. 同意　□　不同意　□　核对登记材料中的复印件并签署核对意见；
2. 同意　□　不同意　□　修改有关表格的填写错误；
3. 同意　□　不同意　□　领取各类通知书；
4. 同意　□　不同意　□　领取个体工商户营业执照。

委托有效期限：自　　年　　月　　日至　　年　　月　　日

<table>
<tr><td colspan="2">委托代理人住所</td><td colspan="2"></td></tr>
<tr><td>邮政编码</td><td></td><td>联系电话</td><td></td></tr>
<tr><td colspan="4">（委托代理人身份证复印件粘贴处）</td></tr>
</table>

委托人签名：　　　　　　　　委托代理人签名：

年　　月　　日

须知：1. 委托代理人的委托事项主要包括：办理名称预先核准、开业登记、变更登记和注销登记等。

2. 委托人应当指定委托代理人更正有关材料的权限，在选择“同意”或“不同意”后的□中打✓。

【任务评价】

任务学习评价表

评价任务	评价关键点	配 分	自评分	互评分	教师评分
门店注册流程	熟悉门店注册的流程	30			
	了解门店注册的相关条件	20			
注册申报表填写	熟悉各类表格的填写和规范	30			
	了解门店注册需要携带的证件	20			

【同步练习】

一、判断题

（ ）1. 按门店章程规定，门店成立时，可以设监事会（需多名监事），也可以不设监事会，但需设一名监事。

（ ）2. 门店注册地址必须是商用的办公地址，需提供租赁协议、房产证复印件。

（ ）3. 注册门店时，不需要进行门店名称核准。

（ ）4. 提交工商注册材料到营业执照颁发下来，市场监督管理局规定的时间为5个工作日。

（ ）5. 门店注册时，需提交监事的身份证明原件。

（ ）6. 门店需设一名法人代表，法人代表不可以是股东。

（ ）7. 注册门店时，经营范围必须要明确，以后的业务范围不能超出门店经营范围。

（ ）8. 若门店经营范围涉及特殊行业，还需办理行业许可证，各行业的许可证办理所需时间没有统一标准。

二、不定项选择题（下列各题中，至少有一个选项符合题意，将所选答案的序号填写在题干的括号内）

1. 小王的快餐店属于门店的（ ）行业类别。

A. 文化用品 B. 家用电器 C. 加工贸易 D. 食品经营

2. 凭营业执照，到公安局指定的刻章社，去刻（ ）。

A. 公章 B. 合同章 C. 财务章 D. 私章

三、简答题

1. 个体工商户办理工商登记时需要携带什么证件？

2. 简述个体工商户注册的注册流程？

3. 有限合伙企业注册的相关部门有哪些？

四、实训题

完成《公司设立登记申请书》，内含《企业设立登记申请表》（见表 1-7）、《股东（发起人）出资信息》（见表 1-8）、《法定代表人信息》（见表 1-9）等表格。

表 1-7　公司设立登记申请表

<table>
<tr><td>名称</td><td colspan="2"></td><td>名称预先核准
通知书文号</td><td></td></tr>
<tr><td>住所</td><td colspan="4"></td></tr>
<tr><td>联系电话</td><td colspan="2"></td><td>邮政编码</td><td></td></tr>
<tr><td>法定代表人
姓名</td><td colspan="2"></td><td>职务</td><td></td></tr>
<tr><td>注册资本</td><td>（万元）</td><td>公司类型</td><td colspan="2"></td></tr>
<tr><td>实收资本</td><td>（万元）</td><td>设立方式</td><td colspan="2"></td></tr>
<tr><td>经营范围</td><td colspan="4">许可经营项目：

一般经营项目：</td></tr>
</table>

续表

营业期限	长期/ 年	申请副本数量	个
本公司依照《公司法》、《公司登记管理条例》设立，提交材料真实有效。谨此对真实性承担责任。 法定代表人签字： 年 月 日			

注：1. 手工填写表格和签字请使用黑色或蓝黑色钢笔或签字笔，请勿使用圆珠笔。

2. 公司类型应当填写“有限责任公司”或“股份有限公司”。其中，国有独资公司应当填写“有限责任公司（国有独资）”；一人有限责任公司应当注明“有限责任公司（自然人独资）”或“有限责任公司（法人独资）”。

3. 股份有限公司应在“设立方式”栏选择填写“发起设立”或者“募集设立”。

4. 营业期限：请选择“长期”或者“××年”。

表1-8 股东（发起人）出资信息

股东（发起人）名称或姓名	证件名称及号码	认缴			持股比例/%	实缴			备注
		出资额/万元	出资方式	出资时间		出资额/万元	出资方式	出资时间	
注：1. 根据公司章程的规定及实际出资情况填写，本页填写不下的可以附纸填写。 2.“备注”栏填写下述字母：A. 企业法人；B. 社会团体法人；C. 事业法人；D. 国务院、地方人民政府；E. 自然人；F. 外商投资企业；G：其他。 3. 出资方式填写：货币、实物、知识产权、土地使用权、其他。									

表1-9 法定代表人信息

姓　　名		联系电话	
职　　务	执行董事	任免机构	股东会
身份证件类型	居民身份证	身份证件号码	
（身份证件正、反面复印件粘贴处）			

续表

<table>
<tr><td>法定代表人签字：
年 月 日</td></tr>
<tr><td>以上法定代表人信息真实有效，身份证件与原件一致，符合《公司法》、《企业法人法定代表人登记管理规定》关于法定代表人任职资格的有关规定，谨此对真实性承担责任。
（盖章或者签字）
年 月 日
注：依照《公司法》、公司章程的规定程序，出资人、股东会确定法定代表人的，由二分之一以上出资人、股东签署；董事会确定法定代表人的，由二分之一以上董事签署。</td></tr>
</table>

参考答案 1.4

任务 1.5 规章制度的制定

【任务目标】

1. 熟悉制定门店管理制度的要求。
2. 知道门店管理制度的主要内容。

【任务情境】

小陈的妇婴用品店即将开始营业，请为其设计门店管理制度。

【应知应会】

一、制定门店管理制度的要求

（一）要根据自身的客观条件和特点制定

门店管理制度没有统一规范的格式和文本，制定门店管理制度要根据门店的宗旨和发展目标，要围绕门店的中心工作，确定制度的中心主题，所有的管理规定、办法都要根据这个主题来制定。

（二）管理制度要公平、公正、合法

门店制定各项管理制度，不但要符合国家法律、法规和有关规定，也要体现公平、公正、合法，要有群众基础，得到大多数人的认同和拥护。所以，要通过规定的程序制定制度，尤其是涉及全体员工利益的制度。

（三）制度要具有稳定性

门店各项管理制度要具有长期性和稳定性。制度虽然不是永久不变的，但绝不能朝令夕改、经常变化。管理制度应该是严肃的、认真的，应经得起较长时间考验，这就要求门店在制定有关规定、办法时，要有前瞻性，既要考虑企业的现实情况又要考虑未来发展。制度有长期性和稳定性，才能得到广大员工的认同和服从，经常变化的制度是无法让人们信服的。

（四）重视制度的执行

制度最关键的是执行，再好的制度如果不去执行或执行不了，就会形同虚设，起不到应有的作用。企业在对某一管理环节或某一项工作制定管理规定或管理办法时，既要认真对待，又要全力贯彻执行，维护好制度的权威性。

二、门店管理制度的主要内容

（一）门店人事管理制度

门店人事管理制度包括各级岗位的人员聘任制度，人员培训管理制度，员工考勤考核管理制度，员工薪金管理制度，员工奖励、晋升、惩罚管理制度及管理人员的考核制度等。

（二）门店财务管理制度

门店财务管理制度包括财务工作管理制度、财务审批制度、报销审核制度等。

（三）门店经营管理制度

门店经营管理制度包括促销管理制度、商品采购管理制度、库房管理制度、商品盘点管理制度等。

（四）门店服务管理制度

门店服务管理制度包括营业服务管理制度、顾客投诉管理制度、商品退换货管理办法、营业员柜台纪律管理制度等。

（五）门店安全、消防管理制度

门店安全、消防管理制度包括安全保卫制度、巡逻制度、消防管理制度等。

【牛刀小试】

请同学们以任务情境中妇婴用品店为实例制定管理制度。

妇婴用品店主要经营母婴用品、生活用品、玩具、服装等。主要的消费群体就是孕产妇及其家庭，这类人群更关注商品的健康、卫生，更关注细节，所以在经营的过程中应更加注重过程管理，注重产品的质量，更关注此类消费人群。妇婴用品店的管理制度参考如下。

一、考勤制度

（1）按时上下班，不迟到、不早退、不串岗、不遛岗，若迟到、早退 1 次罚款 10 元，若 1 个月迟到 3 次，不允许休班。

（2）超过用餐时间不及时返岗，给予一定的处罚，如 1 个小时扣 10 元，超过 1 小时至 3 小时扣半天工资。

（3）如需外出及时打电话请假。

（4）逢大集、搞活动都不得请假。

二、卫生制度

（1）每天早晨开门后店员开始整理，清洁货物，打扫卫生。

（2）发现展板货物较乱时，应及时整理，及时进行货物的调整。

三、营业人员管理

（1）工作人员要自觉增强透明度，严禁任何人到商店代销物品或以物换物。凡雇请人员都要服从管理，服从工作安排，严禁与管理人员吵闹或不服从安排。售货时要主动热情、耐心，不能发脾气、给顾客看脸色，不能一哄而上吓走顾客，否则，给予一定的处罚，如每出现一次扣10元。

（2）上班时间不准在店内吃零食、玩游戏，不准离岗，不准聚集在一起聊天、嬉笑、喧哗，不准在营业时间内会客、带小孩、带宠物，或逗玩亲朋好友的小孩。

（3）注意店面及个人形象，不得在营业场所内将手插入中袋内，不准手搭货架。

（4）上班用礼貌用语，提高销售技巧，接待顾客态度要和蔼，不准与顾客顶嘴、吵架或打骂，严禁殴打顾客。

（5）不准诋毁他人产品，严禁擅自带客、拉客，对顾客强买强卖。顾客进店必须起立，精神饱满，面带微笑，主动和顾客打招呼，要表现得真诚、自然，给顾客自由挑选商品的空间，避免过于积极，给顾客造成精神上的压力。

（6）禁止探听、传说、讨论他人工资。

（7）禁止在店内吸烟、工作时间酗酒或醉酒。

四、现金管理制度

（1）严格执行出小票制度，给予会员相应的积分。

（2）禁止将店内现金与私人现金混在一起，如在店内捡到现金应及时将现金上交，如发现私自将捡到的现金据为已有，要给予一定的处罚。

（3）禁止将店内现金不上账，据为已有。如遇停电或电脑故障等情况，应将现金放入钱箱并在记事本上注明编码、金额，来电后或电脑修好后再及时输入电脑。

（4）店员收取现金，一定要点清数量，辨别现金真伪，若有损失自赔。

（5）每天下班前将钱箱内现金金额输入电脑。发现短款时，从店长工资中扣取，店员每人扣取相同金额的现金。

下面是门店管理制度执行情况自评表（见表1-10），按照评价标准在相应的框中打“✓”。

表 1-10　门店管理制度执行情况自评表

店名：________　　填表人：______________　　日期：____________

评价标准：1. 不能接受　2. 勉强合格　3. 中级　4. 良好　5. 优秀	1	2	3	4	5
请自我确认：					
① 营业过程中，应用的营业用具是否整理井然有序？	□	□	□	□	□
② 是否可以立即找到顾客所需商品存放的位置？	□	□	□	□	□
③ 有无因无心之过而重复做相同目的的工作？	□	□	□	□	□
④ 次日的工作计划是否已拟好？	□	□	□	□	□
⑤ 次日重要工作及准备工作是否已准备好？	□	□	□	□	□
⑥ 允诺为顾客办理的事项是否已完成？	□	□	□	□	□
⑦ 今天工作的优先顺序是否已明确？	□	□	□	□	□
⑧ 必须处理的店务事项是否做好时间计划安排？	□	□	□	□	□
⑨ 处理店铺客户投诉是否做好前期准备工作？	□	□	□	□	□
⑩ 在电话中允诺客户的事情是否记录下来？	□	□	□	□	□
⑪ 相关的业务是否同时并行处理？	□	□	□	□	□
⑫ 与顾客、团购进行沟通时能否把握重点？	□	□	□	□	□
⑬ 突发事件发生时是否考虑到应对措施？	□	□	□	□	□
⑭ 是否有创新方法提升店铺管理水平、提高工作效率？	□	□	□	□	□

【任务评价】

任务学习评价表

评价任务	评价关键点	配　分	自评分	互评分	教师评分
了解门店的情况	情况说明准确	50			
制度制定要求	明确	50			

【同步练习】

一、填空题

1. 制定门店制度要根据________制定。

2. 门店各项管理制度要具有________，不能朝令夕改、经常变化。

3. 制度最关键的是________。

4. ________管理制度包括财务工作管理制度、财务审批制度、报销审核制度等。

二、判断题

(　　) 1. 门店管理制度要公平、公正、合法。

(　　) 2. 管理制度应该是严肃的、认真的，应经得起较长时间考验。

(　　) 3. 店员收取现金，一定要点清数量，辨别现金真伪，店内现金不上账据为己有。

(　　) 4. 制度最关键的是“执行”，再好的制度如果不去执行或执行不了，就会形同虚设，起不到应有的作用。

参考答案1.5

三、实训题

请同学们调查附近新开店铺的店铺类型，并根据具体的管理要求制定门店管理制度。

项目 2

门店形象管理

项目概述

一个好的门店外观能有效地吸引客流，科学的内部布局与商品陈列能引导顾客购买商品，提高商品成交率以及店内管理效率，门店的内部标识物的布置代表着该店铺的形象，影响购买行为。本项目共有三个学习任务，通过本项目的学习和训练，可以帮助学习者提高门店形象、促进门店的经营。

任务 2.1 门店外观设计

【任务目标】

1. 能为自己的店铺设计招牌。
2. 能对店门、橱窗进行合理的布置，营造良好的气氛。

【任务情境】

小陈与朋友合伙开办的便利店目前已完成选址、命名和注册等筹备工作，为了能在月底按时开店营业，小陈需要在店铺命名的基础上，为便利店设计一个招牌。在某种程度上来说，店铺招牌的设计代表着该店铺的形象。能否吸引顾客进入店铺，招牌的设计有着很重要的作用。店门、橱窗是门店形象的基础，也会直接影响门店的经营绩效。那么，小陈应该怎样设计招牌？店门应该如何设计？橱窗应该如何设计？

【应知应会】

一、招牌设计

门店招牌是指用以识别门店、招徕生意的牌号，是一种有效的广告形式。好的招牌能给人留下生动、清晰的印象，有利于扩大店铺知名度、增加客流量。招牌设计和安装，必须做到新颖、醒目、简明，既美观大方，又能引起顾客注意。

除了在文字方面下功夫，力求言简意赅、清新不俗、易读易记、富有美感，使之具有较强的吸引力之外，招牌设计和装饰还应考虑以下内容：招牌的文字设计、颜色设计和店标设计，应力求多样化和与众不同。既要做到引人注目，又要与店面设计融为一体，给人以完美的外观形象。对于许多中小型的专业门店，在招牌的制作与使用上，可直接反映门店的经营内容。制作成与经营内容相一致的形象或图形，以增强招牌的直接感召力。

（一）招牌的文字设计

门店招牌文字设计日益为经商者所重视，一些以标语口号、隶属关系和数字组合而成的艺术化、立体化和广告化的商店招牌不断涌现。商店招牌文字设计应注意以下几点。

（1）店名的字形、大小、凸凹、色彩、招牌位置等应有助于店门的正常使用。

（2）文字内容必须与本店所销售的商品相吻合。

（3）文字尽可能精简，内容既要立意深，又要顺口，易记易认，使消费者一目了然。

（4）美术字和书写字要注意大众化，中文和外文美术字的变形不要太花太乱，书写字不要太潦草，否则，不易辨认，也会给制作造成麻烦。

门店招牌文字使用的材料因店而异。规模较大，而且要求考究的店面，可使用铜质、凸出空心字，闪闪发光，有富丽、豪华之感。定烧瓷质字永不生锈，反光强度好，作为招牌效果尤佳。塑料字有华丽的光泽，制作也简便，但光泽易退掉，塑料易老化，受冷受热受晒又要变形，因此不能长久使用。木质字制作也方便，但长久的日晒雨淋易裂开，需要经常维修上漆。

（二）招牌颜色设计的三原则

1. 招牌颜色需要吸引消费者的眼球

（1）不同的颜色会产生不同的光波，波长不同，引起人眼的颜色感觉也不同。研究表明，人们最敏感的颜色是橙色和黄色。

（2）根据心理学研究表明，醒目诱人的色彩能产生强大的视觉冲击力，新颖独特的形象也有着不可抗拒的吸引力。如具有强烈穿透力的红、黄、绿，以及一些暖色和中色调的颜色，就很容易集中顾客的注意力。同时，各种色彩之间的搭配也很重要。交通指挥灯之所以用红、绿、黄三色，是因为这三色穿透力最强，在很远的地方就能看到，因此在店牌中使用得也很多。

2. 招牌颜色需要在消费者心中留下良好印象

（1）人们对颜色的不同偏爱。不同年龄、性别、性格的人对颜色有不同的喜爱。所以在颜色的选择上，也应充分考虑所经营的门店特征和目标消费群体的特点。

（2）颜色对人心情的影响。橙红色使人感到温暖、热烈、活泼、快乐，能激发人的朝气。红色使人感到热烈、喜悦、果敢、奋扬，有提高食欲、升高血压的作用。粉红色能抑制愤怒，降低心脏收缩力，减慢心律。蓝色显得幽静、深远、冷郁、阴郁。浅蓝色可以消除大脑疲劳，使人清醒，精力旺盛。绿色显得健康、活泼、生气、发展。紫色显得神秘、高贵、脱俗。黄色显得光辉、庄重、高贵、忠诚。青色使人产生亲切、朴实、乐观、柔和的感觉。

3. 招牌需要向消费者展示门店的独特卖点

招牌颜色的选择与店里所销售的产品、服务相适应。如淑女坊的衣服主要是淑女装，而粉红是淑女的主要代表色。

（三）招牌的店标设计（Logo 设计）

Logo 之于一个企业、一个品牌是其最具价值的无形资产，可能一双普通鞋和一双名牌鞋并没有多大本质的区别，很有可能它们还出自同一个代工厂的同一个工人之手，但决定它们价值的最大区别就是标在鞋上的不同的 Logo。所以 Logo 才是属于一个企业或品牌以至于一个店铺的永恒标记。

制作特色店标，需要掌握以下三大要点。

1. 考虑顾客的喜好和需求

开店铺要有明确的目标客户群，根据目标客户群来设计店标无疑是最稳妥的方法，因为你的店标需要吸引的群体，就是这一群人。确定好受众群体之后，就要根据顾客的喜好和需求来设计店标，他们更青睐怎样的颜色，或者是他们更希望从店标上获取怎样的信息，都是商家需要站在顾客的角度来做仔细规划的。

2. 拥有独特的风格

对于经常逛街的顾客来说，每天都会有形形色色的店标映入眼帘，再好看的店标也会让人产生审美疲劳，唯有拥有自己强烈风格的店招才会将人的视线牢牢锁住，并且给人留下深刻的印象。总而言之，就是要提高自己店招的辨识度。具体方法可以将自己设计的店标和其他店标对比，看哪一个会更加让人感兴趣。

3. 创新与内涵兼具

新鲜的店标设计，总是能刺激人的观赏欲望和激发好奇心，从而忍不住进店一探究竟。要做出一个新鲜的店标其实并不难，在店标用色上采用别人没想到会用的色彩，就已经有所创新了。但是，在创新的同时，也不要忘记店标的文化性和艺术性，否则会给人一种雷人庸俗之感，影响品牌本身塑造的良好形象。

以上就是店标设计三大要点，通过这三点思考可以激发出制作特色店标的好想法，吸引更多的顾客，并且让店铺宣传工作做得更好。

一个店标设计得好，一定具备以下四个要点。

（1）符合简易识别的原则。

（2）精美、独特。

（3）不须过多的特效展示即可展示 Logo 设计之美。

（4）能够符合品牌走向与风格。

Logo 设计是通过视觉传达企业精神。漂亮的 Logo 设计往往简单独特。

二、店门设计

显而易见，店门的作用是诱导人们的视线，并使之产生兴趣，激发其想进去看一看的参与意识。

在店面外观设计中，顾客进出门的设计是重要一环。将店门置设在店中央、左侧或右侧，这要根据具体人流情况而定：一般大型商场大门可以安置在中央，小型商店的进出部位置设在中央是不妥当的，因为店堂狭小，会直接影响店内实际使用面积和顾客的自由走动。小店的进出门，不是设在左侧就是设在右侧，这样比较合理。

从商业观点来看，店门应当是开放性的，所以设计时应当考虑到不要让顾客产生“幽闭”“阴暗”等不良心理，从而过而不入。因此，明快、通畅，具有呼应效果的门廓才是最佳设计。

店门设计，还应考虑店门面前路面是否平坦，是水平还是斜坡；前边是否有隔挡及影响店门面形象的物体或建筑；采光条件、噪声影响及太阳光照射方位等。店门所使用的材料，除了用较硬质的木材制作店门外，如今许多使用铝合金材料制作商店门，由于它轻盈、耐用、美观、安全、富有现代感。此外，无边框的整体玻璃门由于透光性好、造型华丽，常用于高档的首饰店、电器店、时装店、化妆品店等。

三、橱窗设计

（一）橱窗设计的要求

橱窗是展示品牌形象的窗口，也是传递新货上市信息以及宣传推广主题的重要渠道。人们对客观事物的了解，其中有 70% 靠视觉。橱窗陈列，能最大限度地调动消费者的视觉神经，达到引导消费者购买的目的。

消费者在进入商店之前，都会有意无意地浏览橱窗，所以，橱窗的设计与宣传对消费者购买情绪有重要影响。橱窗的设计，首先要突出商品的特性，同时又能使橱窗布置和商品介绍符合消费者的一般心理行为，让消费者看后有美感、舒适感，对商品有好感和向往心情。好的橱窗布置既可起到介绍商品、指导消费、促进销售的作用，又可成为商店门前吸引过往行人的艺术佳作。

（二）橱窗设计的表现手法

橱窗设计的表现手法可分为以下几种。

1. 直接展示

直接展示就是将道具、背景减少到最小程度，让商品自己说话。运用陈列技巧，通过对商品的折、拉、叠、挂、堆，充分展现商品自身的形态、质地、色彩、样式等。

2. 寓意与联想

寓意与联想可以运用部分象形形式，以某一环境、某一情节、某一物件、某一图形、某一人物的形态与情态，唤起消费者的种种联想，产生心灵上的某种沟通与共鸣，以表现商品的种种特性。

寓意与联想也可以用抽象几何道具通过平面的、立体的、色彩的表现来实现。生活中两种完全不同的物质，完全不同的形态和情形，由于内在的美的相同，也能引起人们相同的心理共鸣。橱窗内的抽象形态同样能加强人们对商品个性内涵的感受，不仅能创造出一种崭新的视觉空间，而且具有强烈的时代气息。

3. 夸张与幽默

合理的夸张将商品的特点和个性中美的因素明显夸大，强调事物的实质，给人以新颖奇特的心理感受。贴切的幽默，通过风趣的情节，把某种需要肯定的事物无限延伸到漫画式的程度，充满情趣，耐人寻味。幽默可以达到既出乎意料又在情理之中的艺术效果。

（三）橱窗设计的具体步骤

零售终端中，橱窗扮演着“灵魂和眼睛”的角色，橱窗设计得好坏几乎与品牌的生命力同在。在橱窗陈列设计中，策划就是诞生这个“灵魂和眼睛”的关键。橱窗设计的策划目的，就是要扩大品牌影响力，占有更大市场。橱窗设计的主要步骤如下。

第一步：“头脑风暴”——策划案新鲜出炉。

进行团队策划，分析品牌与产品，从目标消费群出发，明确设计主题。最终根据策划生成设计方案。

第二步：市场采购——道具材料的准备。

需要考虑材料的性能、效果与美观性，这是陈列效果能否实现非常重要的环节。当然，也要节约成本。

第三步：专业道具制作——奠定橱窗模型基础。

根据策划案的设计主题将基础部分建立，在此基础上逐渐丰满整体。而在实际的橱窗设计中，还要考虑到道具的可复制性，甚至批量生产。

第四步：橱窗制作——方案实施，细节到位。

在橱窗制作过程中，要遵循“从大到小”的原则，就是先铺大面，再调整细节。只有在大的框架制作完成之后，调整细节才不会影响主题的贯彻。

完美的橱窗设计需要多个方面的协作完成，策划是重要的前提。策划的目标是使方案明确地反映品牌文化、吸引消费者。并且在实施过程中减少不必要的环节与浪费，策划者需要充分了解品牌精神及商品的卖点，做到正确展示并赋予时尚文化及艺术品位。橱窗陈列设计是品牌面对消费者最直接的广告，是品牌理念及商品信息最直接的传播途径，而成功的策划是完美橱窗的灵魂，同时也是橱窗设计师必须要掌握的重要一环。

【牛刀小试】

在任务情境中，小陈刚毕业，想开一家便利店，他需要设计店铺的招牌、橱窗和店门。

（一）招牌设计

便利店招牌设计要求简洁大方、醒目美观。要有一块美观大方的招牌，以吸引顾客的目光，给人留下深刻的印象。

比如，可以设计如图2-1所示的便利店招牌，以红色和橙色为主色，容易被顾客识别，而且橙红色会令人感到温暖、热烈、活泼、快乐，能激发人的朝

图2-1　便利店招牌

气。左边是便利店 logo，“永泰惠邻”属于文字型的店标，传达了公司惠及邻里的价值观，店标简单好识别。

另外，便利店一般位于居民住宅区、小街道等距离人们居住地较近的地方，因此，要想在狭窄的街道、密集的门店中让人更快注意到，那么便利店的招牌就得在设计与选材上突出个性、外观立体，可以选择吸塑灯箱门头招牌，LED 吸塑灯箱门头外观具有超强的立体效果，整个便利店门头在黑暗的环境中极其吸引人眼球。另外，便利店招牌大都位于户外，长期经受风吹日晒，因此在选材上要考虑抗寒、抗晒，能经受日晒雨淋的材料，比如亚克力面板等。

（二）橱窗设计

橱窗是展示商品、吸引顾客的好“道具”。如果条件允许，便利店两侧可以设计两面玻璃橱窗，可采用直接展示的方式，将当月、当周的推荐商品进行精心陈列，吸引顾客驻足观看和购买。

便利店可以采用季节性橱窗陈列，在季节更替前做好，以便提醒顾客购买，抓住商品销售的良机。使用季节性橱窗陈列要注意提前布置，如果等到季节已经更替再去考虑橱窗的季节陈列，就显得有些迟了。

（三）明亮的店门设计

一个明亮的店面和一个昏暗的店面，你会选择进哪一个店面，肯定是选那个明亮的店面。顾客对拥有良好购物环境的便利店更感兴趣，更愿意在清洁、明亮的便利店内购物(图 2-2)。因此，店门可以采用开放型的设计，店门面前路面要平坦，门前不能有隔挡，采光条件要好。另外，由于便利店的营业面积较小，因此，店铺只需设置一两个出入口，既便于人员管理和防窃，也不会因太多的出入口而占用营业空间。

图 2-2　明亮的店门设计

便利店的购物通道可以采用直而长的设计，减少弯道和隔断，并利用商品的陈列，使顾客不易产生疲劳、厌烦感，潜意识地延长在店内的逗留时间。

根据下面任务单，至少完成2种类型店铺的外观设计。

任务一：根据招牌设计的要求，设计招牌的字体、颜色和店标。

任务二：根据门店的类型和面积，合理规划店铺的出入口和店门。

任务三：按照橱窗设计的基本要求，为了更好地展示商品，请根据橱窗设计的步骤设计陈列橱窗。

【任务评价】

任务学习评价表

评价项目	评价关键点	配分	自评分	互评分	教师评分
招牌设计	知道文字设计的注意要点	10			
	知道颜色设计的主要原则	10			
	能进行店标设计	20			
店门设计	能进行合理的店门设计	20			
橱窗设计	知道橱窗设计的基本要求	10			
	知道橱窗设计的表现手法	10			
	能根据橱窗设计的具体步骤进行合理的橱窗设计	20			

【同步练习】

一、填空题

1. 招牌的文字设计要尽可能________，内容既要________，又要________，________，使消费者一目了然。

2. 美术字和书写字要注意________，中文和外文美术字的变形不要________，书写字不要________，否则，不易辨认，又会在制作上造成麻烦。

3. 人们最敏感的颜色是________色和________色。

4. 一般大型商场大门可以安置在__________，小店的进出门，应该设在__________或者________，这样比较合理。

5. 从商业观点来看，店门应当是________的，所以设计时应当考虑到不要让顾客产生“幽闭”“阴暗”等不良心理，从而过而不入。

6. 橱窗的设计，首先要突出________，同时又能使橱窗布置和商品介绍符合________，即让消费者看后有美感、舒适感，对商品有好感和向往心情。

二、多项选择题

1. 在颜色对人心情的影响研究中，蓝色代表（　　　　）。

A. 幽静　　B. 热烈　　C. 冷郁　　D. 活泼

2. 制作特色店标，需要掌握的要点是（　　　　）。

A. 考虑顾客的喜好和需求　　B. 拥有独特的风格

C. 创新与内涵兼具　　D. 创新最重要

3. 一个店标设计得好，一定具备的要点有（　　　　）。

A. 符合简易识别的原则　　B. 精美、独特

C. 不要有过多的特效展示　　D. 符合品牌走向与风格

4. 橱窗设计的表现手法有（　　　　）。

A. 直接展示　　B. 寓意与联想

C. 夸张与幽默　　D. 运用广告语言

5. 橱窗设计的具体步骤有（　　　　）。

A. “头脑风暴”——策划案新鲜出炉

B. 市场采购——道具材料的准备

C. 专业道具制作——奠定橱窗模型基础

D. 橱窗制作——方案实施，细节到位

三、简答题

1. 招牌设计中文字设计的注意要点有哪些？

2. 招牌设计中颜色设计的原则有哪些？

3. 橱窗设计的要求有哪些？

参考答案 2.1

四、实训题

你的早餐店已经完成了店铺选址等开店准备工作，作为门店的创立者，为了能在本月底准时开店营业，你和你的合伙人需要在最近几天完成商店的外观设计，请你和你的合伙人一起运用招牌设计中文字设计、颜色设计和店标设计的要点为店铺设计招牌。为了吸引顾客，给顾客留下良好的第一印象，你们还需要对自己店铺的店门进行设计，并且布置店铺的橱窗，使用橱窗设计的表现手法和具体步骤，完成橱窗设计的要求。

任务 2.2 门店内部布局与商品陈列

【任务目标】

1. 能为自己的门店进行合理的内部布局。
2. 知道商品陈列的原则和货架陈列的规范要求。
3. 能使用“一图两表”为门店进行合理的商品陈列。

【任务情境】

小美准备与朋友合伙开办一家服装店，目前已完成选址、命名、注册、门店外观设计等筹备工作，为了能在月底按时开店营业，小美需要再完善商品的内部布局并进行合理的商品陈列。从某种程度来说，良好的商品陈列是“沉默的推销员”，会令顾客赏心悦目，能有效地吸引顾客的注意力和刺激顾客的购买欲望。那么，小美应该怎样进行门店的内部布局呢？如何进行商品陈列？

【应知应会】

一、门店内部布局

门店内部布局就是把门店内的空间有效地分配给所经营的各种商品和服务，并成功影响顾客的购买行为。

（一）店内布局的原则

门店是一个以顾客为主角的舞台，而顾客对哪些最为关心呢？日本的连锁超市做过一次市场调查，得出的结论是：消费者对商品价格的重视程度只占 5%，而占前三位的分别是，开放式易进入占 25%，商品丰富、选择方便占 15%，明亮清洁占 14%。虽然国情有所不同，但结合我国的实际加以分析可以归纳店内布局的三条原则。

（1）顾客容易进入。

（2）让顾客在店内停留得更久。

（3）店内明亮清洁。

（二）店内布局的具体要求

门店的店内布局合理，商品陈列美观，不仅有利于消费者选购商品，而且给消费者设计了一个优雅舒适的购物环境，营造出良好的购物氛围。店内布局的具体要求如下。

1. 合理分割营业场所

营业场所内售货区、存货区、店员用地和顾客用地四者应该有一个合理的分配。对于连锁商店而言，其特性要求尽量扩大商品的售货区域，压缩非营业性区域。营业场所内必须使用的一些较大型、不常移动的设备和设施，如货架、储柜等，要充分合理利用空间、提高空间利用率。供消费者使用的试衣间、通道等都应合理安排。

2. 分类进行商品布局

商品布局是指各大类商品在营业场所内的位置安排。为了做到合理安排商品布局，应首先对门店的商品进行一定的分类。一般按以下方法或标志分类：按使用功能归类，即按商品的用途分类和陈列；按细分市场归类，即按商品的目标市场分类和陈列；按存放要求分类，即按商品所需存放条件分类和陈列。

3. 主营商品放在最显眼位置

门店一般有自己的主营类商品，这就要求把最能反映本店类型和经营特色的商品摆放到最显眼的位置，使顾客一进门便能产生深刻的印象。

4. 提高商品出样率

门店应该做到尽可能提高商品的出样率。一方面是充分利用各种物资设备和营业空间；另一方面因场地有限，在不可能使所有商品和顾客见面的情况下，要讲究商品陈列的选择，每一组商品的陈列样品要以陈列附近出售的商品种类为主，这样可便利消费者。

（三）以便利店为例分析门店内部布局

1. 便利店的功能区域划分

按功能，可以把便利店划分为计划购买区、一般购买区、冲动购买区和收银台服务区。① 计划购买区，主要放置顾客计划型消费商品，如饮料、食用油、奶制品等。② 一般购买区，主要放置顾客正常购买的商品。③ 冲动购买区，主要放置顾客冲动型消费的商品，如糖果、零食、冰淇淋、促销商品等。④ 收银台服务区，可放置口香糖、糖果等小包装商品，以及促销海报等宣传品，也可陈列香烟、酒等贵重商品。

2. 某便利店内部布局参考

某便利店各门店的结构与内容是基本一致的，其建筑格式与招牌也整齐划一，如图 2-3 所示。这是为了在顾客的心目中形成统一印象，而便利店也正是立足于这种顾客认同之上的商业形式。

某便利店内商品的布局情况如下：入口处一般摆放杂志和读物。周刊是每周更换，月刊是两周更换一次，这里常常聚满“白看杂志顾客”，它的意义在于吸引回头客。同时，这些白看杂志的客人也帮商店营造了“顾客喜欢的店”和“好进的店”等印象。迎门两排货架是日用品、化妆品、文具，如图 2-4 所示。

为避免日光直射引起变质，迎门两排货架一般不放食品。收款台跟前放着热饮料和卤煮菜与热包子。这些是即兴购买的商品，放在手边能引人食欲，店员也好招呼。再往里或两侧靠墙是轻食品、点心、盒饭和包装蔬菜，如图 2-5 所示。

图 2-3　某便利店

图 2-4　日用品、化妆品、文具

便利店最里面一般是冷饮柜，如图 2-6 所示有卖冰镇饮料的，还有冰镇啤酒。这些是畅销品，顾客会专门来买，所以放在里面。顾客往里走走也许会看到其他想要的商品，还会增加在店内购物的时间。

图 2-5　轻食品、点心、便当

图 2-6　冷饮柜

二、商品陈列

（一）商品陈列的定义

商品陈列是指通过一定的方法和技巧，利用道具，将销售的商品或服务有规律地摆设、展示，刺激消费者购买，提高销量。

（二）商品陈列的作用和目的

1. 商品陈列的作用

良好的商品陈列是“沉默的推销员”，会令顾客感到赏心悦目，有效地吸引顾客的注意力和刺激顾客的购买欲望。便利店销售约有70%来自顾客的冲动购买，好的陈列能提高10%以上的销售额。

2. 商品陈列的目的

（1）明确门店定位：了解门店的商品经营范围和经营特色。

（2）激发购物欲望：建立顾客良好的第一印象，刺激顾客的“冲动性购物”。

（3）方便商品选购：方便顾客发现、比较、感受所需的商品，提高交易的成功率。

（三）商品陈列的基本原则

有效的商品陈列可以引起顾客的购买欲，并促使其采取购买行动。做好商品陈列必须遵循一些基本的原则。

（1）先进先出原则：生产日期在先的商品摆放在销售前端，防止商品损耗。

（2）货签对位原则：商品与价格签一一对位，价格签包括POP、价格立牌、贴签等标明商品价格或性能的标识。

（3）分类陈列原则：一般按用途、性能、颜色、品牌、大小对商品进行分类组合。

（4）纵向陈列原则：当该类商品品种数超过4种时，商品陈列应由上至下纵向摆放。

（5）关联陈列原则：按使用目的、用途、卖给谁等关联关系，使商品组合起到互补和延伸的作用。

（6）配色协调的原则：相邻商品之间颜色、形状、大小反差不应过大；纵向陈列的商品上下之间的颜色反差不应过大。一般由暖色调至冷色调过渡（冷暖交替陈列应注意配色的和谐）。

（7）黄金位陈列原则：货架离地约120～160 cm的区域、堆头、端架、临通道区域应陈列高利润商品、季节性商品或需突出陈列的特价商品。

（8）陈列量与销售量及采购量相协调的原则：依据价格中心线的原理指导陈列、调整商品结构和采购；确保主力商品的货架空间和规模优势，减少替代性商品对主力商品的影响。

市场调查发现：非正面陈列商品，会导致25%的销售损失；不同品种重叠陈列，会导致16%的销售损失；货架商品不饱满，会导致13%的销售损失；耗损的20%起因于商品未按先进先出陈列。因此，陈列的原则要严格执行。

（四）货架陈列规范要求

1. 显而易见（图 2-7）

图 2-7　商品陈列应显而易见

面向顾客（措施）：商品的正面（品名清晰、图案、色彩丰富的一面）应正立或根据不同高度调整，使正向面向顾客。

朝向一致、分界成线：同种商品的各陈列面朝向应一致。相邻两种商品之间的分界线应一目了然，严禁交叉混放；陈列商品的前端及左右的分界处应成直线。

2. 丰满美观

前进补缺：一般情况下，商品占据的空间应占所分配的陈列空间的 1/2，前端商品销售后，应及时将后端商品陈列在前端。如出现断货，可用同类商品中的畅销商品（或陈列位左右邻近的商品）补充缺货位。

顶层齐整：货架顶上陈列的商品可分为外围层和内层，外围层为靠近货架边缘、面向通道一层，内层高度不得超过外围层；外围层应保持前缘成一条直线，高度偏差不超过 10 cm，以商品的演示为主；各顶层陈列高度应基本一致。邻通道顶层为商品演示区，若无法实现需用相同纸箱或精致隔板装点。

3. 分类陈列

正确分类：对商品正确分类，一般按类别、品牌、大小、颜色的分类顺序进行。

4. 纵向陈列

同类纵向：当该类商品品种数超过 4 种时纵向陈列，也可根据情况采取横向陈列。纵向陈列的各品种陈列面宽度均匀分配，热点商品可放大陈列面，但不超过 90 cm。横向为规格、纵向为颜色；上大（重）下小（轻）。

5. 关联陈列

关联组合：按使用目的、用途发掘商品间的关联性，形成大、小关联区间。如宠物区、婴儿区、护肤区、清洁区，或面包旁边摆放奶油、蜂蜜，咖啡旁边摆放方糖，盐、味精等调味品旁适当摆放调味糖（红糖）等，刀具旁摆放磨刀石、红酒带起瓶器等。

6. 防止损耗

（1）先进先出。

（2）安全防损：注意消除货架及货架顶层商品存在的不安全因素，如货架顶层商品易掉落、刀具易伤人。

7. 便于拿取

商品丰满且便于顾客取放，靠外（面向顾客）的商品应陈列到距上隔板一拳的高度（5~7 cm）；体积（重量）较大的商品应陈列在货架下层，较小的商品应陈列于上层；儿童用品陈列于较低位置（与儿童身高相仿，约1 m的高度）。

8. 黄金位陈列

为了有效地引导顾客消费重点商品和提升重点商品成交率，门店会把最想销售的重点商品陈列在顾客一眼就能看到的位置，如货架的黄金货位、端架、店内的堆头、临通道区域，这些位置都是门店的“黄金位置”。

一般来说，在同一组货架上，因为顾客注视的方式不同，所以不同陈列位置产生的商品销量和关注度会有所不同。以超市普遍使用的高度为180 cm的货架为例，黄金段是指顾客保持正常姿态很自然就能拿取商品的位置，以身高170 cm的顾客为例，其高度一般为120~160 cm，它是人眼睛最容易看到，手最易拿取的陈列位置，亦为最佳陈列位置，应陈列高利润商品、季节性商品或需突出陈列的商品（特价商品），不应陈列滞销商品、过季商品。

9. 其他

不露杂物：非商品不得占用货架陈列面，如赠品（样板除外）、杂物、宣传单、打价机、记录本等，并且不得裸露在外（顾客看见）。

货签对位：坏损商品、质量问题商品应标示和隔离；商品标识符合要求；不得陈列假冒伪劣商品。

总的来说，货架陈列的口诀是：能挂的，别站着；能站的，别趴着；正面朝外勿倒立；左小右大上下齐；商品价签要对准。

（五）货架空间的分配

利用货架黄金陈列分割货架，货架上层放置推荐品和有意培育的商品。货架低层放置易碎、体积较大、分量重、低毛利的商品。一般来讲，黄金陈列线的位置是人眼最容易看到、手最容易伸到的位置，通常放置高毛利商品、冲动型消费品、自有品牌商品。普通货架空间分配说明表见表 2-1。

表 2-1　普通货架空间分配说明表

陈列层面	一般高度/cm	通常陈列的商品	销售概率/%
上段	150~180	推荐品、有意培育的商品	10
黄金陈列线	120~160	高毛利商品、冲动型消费品、重点商品和重点推荐的商品、需要大量出清的商品、自有品牌商品、独家引进商品，但不陈列低毛利商品	40
中段	50~120	低毛利但顾客需要的商品	25
下段	50 以下	已进入衰退期的、周转率高、易碎、体积大、重量高、低毛利的商品	25

三、门店内部布局与商品陈列的实施工具

（一）“一图两表”的内容

1. 门店布局图

① 门店布局图一般为平面图，图上相对应位置标注货架、收银台、展示柜等设备设施。② 门店布局图按照顾客购买行为习惯和商品分类进行整个门店的功能区域划分。某便利店的门店布局图如图 2-8 所示。

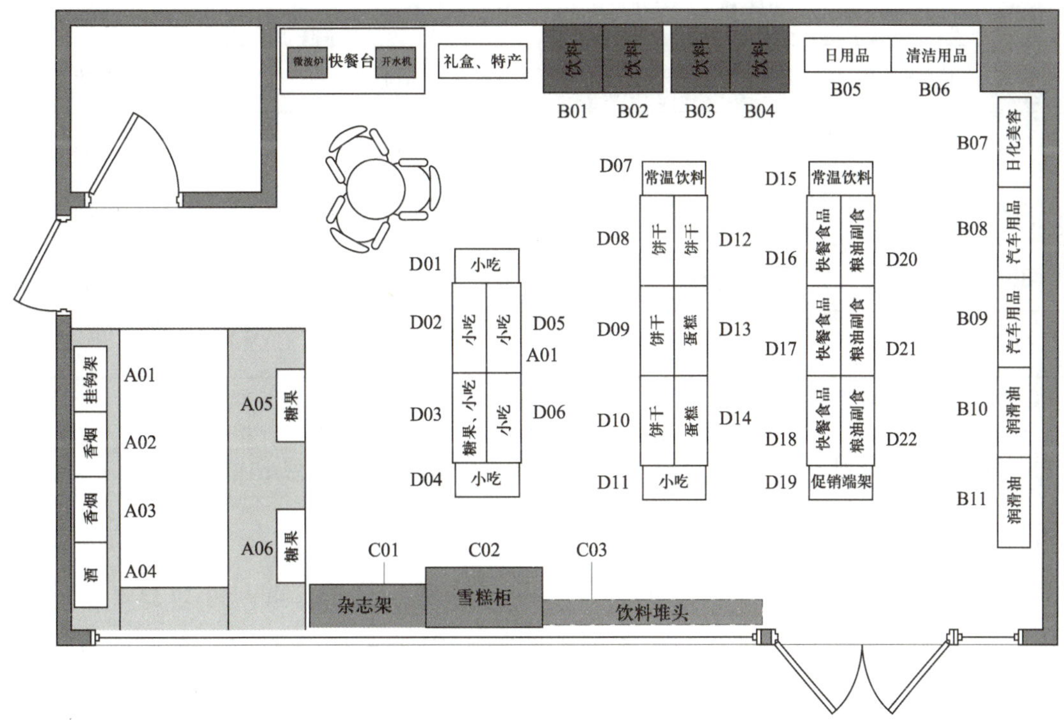

图 2-8　某便利店的门店布局图

2. 商品陈列表

① 商品陈列表与门店布局图相对应，是布局图的一种表格化体现。商品陈列表显示的是每一组货架陈列的商品品类明细，通过英文字母与摆位图一一对应。② 每一小类的商品在货架上都可获得相对固定的陈列位置，既方便顾客购买，又提高店内管理效率。③ 商品陈列表可作为门店陈列标准，指导店员进行商品陈列，并方便管理人员检查工作。商品陈列表见表 2-2。

表 2-2　商品陈列表（青柜区部分）

门店编码：×××　　　　　　店名：金融街加油站

分区	货架号	层板号	陈列类别	分区	货架号	层板号	陈列类别
B	B03	1	咖啡、果汁饮料	B	B09	1	汽车挂件类
B	B03	2	功能饮料	B	B09	2	遮阳类
B	B03	3	茶饮料	B	B09	3	养护类
B	B03	4	碳酸饮料	B	B09	4	应急用品
B	B03	5	矿泉水	B	B10	1	汽油机油
B	B04	1	咖啡、果汁饮料	B	B10	2	汽油机油
B	B04	2	功能饮料	B	B10	3	汽油机油
B	B04	3	茶饮料	B	B10	4	汽油机油
B	B04	4	碳酸饮料	B	B11	1	汽油机油
B	B04	5	矿泉水	B	B11	2	汽油机油
B	B06	1	纸品类	B	B11	3	汽油机油
B	B06	2	日化美容	B	B11	4	汽油机油
B	B06	3	日用品				

制表人：×××　　负责人：×××　　　　　　　　制表日期：　　年　　月　　日

说明：结合上表，例如，汽车应急用品放在 B09 货架，该货架有 4 个层板，按照从上到下的顺序，1 层陈列了汽车挂件用品，2 层陈列了遮阳用品，3 层陈列了汽车养护用品，4 层陈列了应急用品。

3. 商品摆位表

① 商品摆位表（见表 2-3）则提供了某个单品在某一货架上的具体位置。门店内店员可依据商品摆位表，方便快速地进行商品陈列和调整。② 商品摆位随经营需求进行日常调整更新（一般 1~3 个月调整一次），更新后及时下达门店，门店按照新的布局图和陈列表进行商品陈列的调整。

表 2-3　商品摆位表

类别：饮料

货架编号：B03　货架规格：壁柜×××　　更新日期：2020. 12. 01　　编码：××××××

层	类型	挂孔位	项目	必列品				选列品	
				1	2	3	4	1	2
1	平架	第 7 孔	品名 编码	雀巢即饮香滑咖啡 180 ml 00156	汇源 100%精巧装 橙汁 盒装 00070	汇源 100%精巧装 苹果汁 盒装 00071	汇源 100%精巧装 桃汁 盒装 00072		
2	平架	与上层间隔 7 孔	品名 编码	红牛 8 倍 250 ml 00171	脉动橘子味 600 ml 00167	脉动青柠味 600 ml 00168	脉动蜜桃味 600 ml 00169	红牛普通型 250 ml 00170	
3	平架	与上层间隔 7 孔	品名 编码	雀巢原叶红茶 480 ml 00160	雀巢原叶绿茶 480 ml 00161	统一冰红茶 500 ml 00297	统一茉莉花味绿茶 500 ml 00298		

注：陈列方向由序号 1 开始从左至右。

说明：上表由省、市级管理部门制定，门店严格执行；随经营需求进行日常调整更新（一般 1~3 个月调整一次），更新后及时下达门店，门店按照新的布局图和陈列表及时进行商品陈列的调整。

（二）“一图两表”的功能

“一图两表”是门店布局图、商品陈列表与商品摆位表的统称，是商品管理的基本标准，是门店做好商品陈列的重要工具。

商品陈列表与门店布局图相对应，是布局图的一种表格化体现。商品陈列表显示的是每一组货架陈列的商品品类明细，通过英文字母与摆位表一一对应。

门店布局图展示了货架和大类商品在门店的陈列位置，商品陈列表则提供了小类商品具体的陈列位置，商品摆位表则提供了某个单品在某一货架上的具体位置。

“一图两表”可以有效地指导门店做好内部布局和商品陈列工作，加强陈列的规范性，明确商品排面，保护畅销商品、毛利高的商品有较好的陈列位置、较大的排面。有效地控制商品品种，实现商品目标管理，达到提升销售额和盈利水平的目的。通过实施“一图两表”还能实现门店标准化管理，促进门店整体形象提升。

【牛刀小试】

在任务情境中，小美的服装店准备开业，她需要进行服装店的内部布局和商品陈列。

一、服装店的内部布局

一般来说，店铺布局规划没有好坏之分，重要的是看是否合适。小陈可以根据门店的店内布局要求和原则进行服装店的内部布局。一般来说，服装店有以下最常用的 5 种布局类型，小陈可以根据店铺的大小、风格等选择其中一种。

（一）直线式布局

直线式布局又称沿墙式布局。在这种布局中，柜台、货架都沿墙呈直线摆设。这种形式不受店铺大小或墙角弯度的限制，能够陈列展示较多的商品，是最基本的设计形式。因其较为便利地让店员拿取商品，能够随时补货，有利于节省人力，商品多的店铺可以尽量使用该布局，如图 2-9 所示。

图 2-9　服装店的直线式布局

（二）岛屿式布局

岛屿式布局是指柜台以岛状分布，四周用柜台围成封闭状，中间设置货架，多用于销售体积小的外贸服装。这种布局可以摆设成圆形、长方形、三角形等形状，它能充分利用室内光线和空间，为卖场争取到更多的有效面积。基于岛屿自身的形状，它能随地形和营业场所等情况来装饰店铺空间，起到美化的作用。但缺点在于，不利于上货补货，且面积有限，所能陈列的商品不多，如图 2-10 所示。

（三）斜角式布局

斜角式布局是指利用店内的设备和建筑空间，如柜台、货架等与室内的柱子围成斜角形状的布置。它能为室内增加延伸的视觉效果，让内部布局变化具有空间性，如图 2-11 所示。

图 2-10　服装店的岛屿式布局

图 2-11　服装店的斜角式布局

（四）陈列式布局

陈列式布局是指在营业场所中央，设置若干陈列柜、货架等，展示各种商品，前边摆设若干柜台销售。在这种布局里，店员的工作区域和顾客区域重合。两者都在同一区域活动，可以活跃卖场的人气，形成互动的卖场氛围，也有利于提高服务质量，是一种比较自由、灵活的设计形式，如图 2-12 所示。

图 2-12 服装店的陈列式布局

（五）格子式布局

格子式布局结构严谨，是一种十分规范的布局方式，能够让顾客对商品产生信任感。一些服装店铺常采用格子式布局，所有的柜台设备在摆放时互成直角，构成曲径式通道。这样做，是为了能够让顾客形成相对稳定的人流路线，并给人以井然有序的印象，如图 2-13 所示。

图 2-13 服装店的格子式布局

一家服装店的布局对销售的影响不会短时间体现出来，但时间一长，就能看出它的重要性。所以有效合理的店铺布局，能恰当地展现出服装的特性与质感，更好地刺激顾客的购买欲望。

二、服装店的商品陈列

小美的服装店可以使用以下三种最基本的陈列方法。

（一）墙面陈列

墙面陈列，尤其是正对主通道的墙面挂陈列，非常重要，此位置的销售潜力非常巨大，应该陈列主推产品，它是服装店铺的点睛之笔。墙面陈列中运用最广泛的就是正挂陈列，如图 2-14 所示。挂装陈列时需要注意以下几点。

（1）正挂陈列的色彩渐变从外向内、从前向后、由浅至深。

（2）挂装水平方向色调渐变应依据顾客流向视角，自外场向内场，由浅至深，从前至后，尺寸从小到大。

（3）避免滞销货品单一地挂装展示，可适当配以陪衬品，以形成趣味和卖点联想，并显示出搭配格调，如图 2-15 所示。

图 2-14 墙面陈列

图 2-15 产品搭配陈列

（4）同类、同系列货品应挂列在同一展示区域内。男女服饰应明确界定并分列挂示。

（5）过季品挂装应选择独立区域单元进行挂列，并同时配有明确的标识。

（二）侧挂陈列

侧挂也是服装店常用的陈列方法，但由于侧挂时的量比较多，且看不到衣服的整面，所以在陈列时一定要注意色彩的组合和变化，还要高低错落，以求静中有“动”，使陈列有一种节奏感。通常顾客会在浏览侧挂后选择试穿，所以在侧挂中要考虑“联想”功能，将相关联的产品适当陈列，既可以调整节奏，也可以起到连带销售的作用，如图2-16所示。侧挂陈列一般应遵循以下原则。

（1）每款服饰应该连续相邻挂2~3件（不同色彩及尺码）。

（2）挂件应保持整洁、无折痕（必要时需烫平），并清除所有别针。

图2-16　侧挂陈列

（3）对于螺纹领的针织服，挂装时，衣架务必从下摆口深入。

（4）纽扣、拉链、腰带等应全部就位。

（5）同一展示区域内，不得同时使用不同种类的上装衣架或下装衣架。

（6）挂装尺码序列应为：自前向后，由小码至大码；自外向内，由小码至大码。

（7）同一挂架和挂钩上每一挂装间距为3 cm。

（8）服饰挂装陈列时，距离地面高度不得少于15 cm。

（三）配件品陈列

由于配件商品小，且款式多、色彩多，在陈列的时候要积点成面，强调它的整体性和序列感（重复陈列可以产生强烈的视觉冲击）。我们可以选用固定的整块面积墙面进行配件品展示，配件品展示可以安排在收银台旁边，方便顾客连带购买。在展示陈列配件时，都需要注意搭配，恰到好处，既要能烘托出主体商品，又要避免喧宾夺主，主次不分，如图2-17所示。

根据下面任务单，完成超市的商品陈列设计。

情境案例：十周年店庆活动即将来临，企业导师下发促销商品清单，要求各分店做好促销商品陈列设计，以促进商品销售。

图 2-17　配件品陈列

商品陈列设计步骤如下。

（1）选择垫底物品。

（2）计算陈列商品所需数量。

（3）进行商品陈列的创意设计。

（4）整理商品。

（5）配置 POP 海报、标价签。

（6）清理现场，回收工具。

【任务评价】

任务学习评价表

评价任务	评价关键点	配　分	自评分	互评分	教师评分
门店内部布局	能说出店内布局的原则	10			
	掌握店内布局的具体要求	20			
商品陈列	能说出商品陈列的原则	20			
	理解货架陈列的规范要求	20			
	在实训中对指定商品进行陈列	30			

【同步练习】

一、判断题

（　　）1. 门店一般有自己的主营类商品，这就要求把最能反映本店类型和经营特色的商品摆放到最显眼的位置，使顾客一进门便能产生深刻的印象。

（　　）2. 门店应该做到尽可能提高商品的出样率。

（　　）3. 便利店销售约有70%来自顾客的冲动购买，好的陈列能提高10%以上的销售额。

（　　）4. 商品陈列的货签对位原则是指生产日期在先的商品摆放在销售前端，防止商品损耗。

（　　）5. 商品陈列的纵向陈列原则是指当该类商品品种数超过4种时，商品陈列应由上至下纵向摆放。

（　　）6. 商品陈列的关联陈列原则是指按使用目的、用途、卖给谁等关联关系，使商品组合起到互补和延伸的作用。

（　　）7. 商品陈列的黄金位陈列原则是指货架离地约80~120 cm的区域应陈列高利润商品、季节性商品或需突出陈列的特价商品。

（　　）8. 货架陈列规范要求顶层齐整是指商品占据的空间应占所分配的陈列空间的1/2，前端商品销售后，应及时将后端商品陈列在前端。如出现断货时，可用同类商品中的畅销商品（或陈列位左右邻近的商品）补充缺货位。

（　　）9. 货架陈列的口诀是：能挂的，别站着；能站的，别趴着；正面朝外勿倒立；左小右大上下齐；商品价签要对准。

（　　）10. 利用货架黄金陈列分割货架，货架上层放置易碎、体积较大、分量重、低毛利的商品，货架低层放置推荐品和有意培育的商品。

（　　）11. 商品摆位表提供了某个单品在某一货架上的具体位置。门店内店员可依据商品摆位表，方便快速地进行商品陈列和调整。商品摆位表一般不需要更新调整。

二、多项选择题

1. 店内布局的原则包括（　　　　）。

A. 顾客容易进入　　　　B. 让顾客在店内停留得更久

C. 让顾客更容易找到出口　　　　D. 明亮清洁

2. 为了做到合理安排商品布局，应首先对门店的商品进行一定的分类。一般的分类方法或标志有（　　　　）。

A. 按使用频率归类　　　　B. 按使用功能归类

C. 按细分市场归类　　　　D. 按存放要求分类

3. 便利店的功能区可以划分为（　　　　）。

A. 计划购买区　　B. 一般购买区

C. 冲动购买区　　D. 收银台服务区

4. 商品陈列的基本原则包括（　　　　）。

A. 先进先出原则　　B. 分类陈列原则

C. 纵向陈列原则　　D. 黄金位陈列原则

5. 货架陈列的规范要求包括（　　　　）。

A. 丰满美观　　B. 关联陈列

C. 防止损耗　　D. 便于拿取

三、简答题

1. 店内布局的原则和具体要求有哪些？

2. 商品陈列的原则有哪些？

3. 货架陈列的规范要求有哪些？

四、实训题

参考答案 2.2

你的便利店已经完成了商店命名、注册、招牌设计等开店准备工作，为了能在本月底准时开店营业，你和你的合伙人需要在最近几天完成商店的内部布局和商品陈列，请你和你的合伙人一起运用内部布局的原则和货架商品陈列的要求进行布局与陈列。为了吸引顾客，给顾客留下良好的第一印象，请设计出“一图两表”

来有效地指导门店做好内部布局和商品陈列工作，以加强陈列的规范性，实现门店标准化管理，促进门店整体形象提升。

任务2.3 门店标识物布置

【任务目标】

1. 能对自己的门店进行合理设计并摆放价签。
2. 促销活动期间能对门店进行POP广告等的设计和布置。

【任务情境】

春节很快就要来临了，小周的便利店想借此机会做一次年底促销活动，为了让促销活动能取得更好的销售量，便利店要好好装扮一番，布置好门店内部的各种标志物。因为在某种程度上来说，门店的内部标识物代表着该门店的形象，能否促成购买行为，门店标识物的布置有着很重要的作用。价签是门店标识物的重要内容之一，也会直接影响顾客的购物感受。而活动期间的店内布置内容也会影响门店的舒适性和活动气氛，那么，小周应该怎样设计和使用价签？如何根据门店实际空间大小，选择活动期间店内布置的项目，以达到门店舒适、气氛浓郁的效果？

【应知应会】

一、价签的设计与摆放要点

（一）价签的内容

以蓝白价签为例，其一般包括以下内容。

（1）品名：必须标注。

（2）规格：可标注，可详见商品。

（3）产地：一个品牌一个产地的情况下需标注产地；一个品牌多个产地或不同批次的产

品来自不同产地的情况可详见商品。但只要价签标注了产地，那么标注的产地必须与商品的产地一致。

（4）等级：必须标注，标注形式有一级、二级、合格等。

（5）计价单位：必须标注。

（6）零售价：必须标注。

（7）编码：必须标注。

（8）核价员：必须标注。

注意：价签标注的内容要与商品内容一致。

（二）价签的注意事项

1. 在新商品下放门店时，提前打印好商品标价签

打印流程：在班柜组领编码申请本—将检查好的即将上柜的商品按要求填写在编码申请本上—填写完后自查并且确认签字—交班柜组检查并签字—交分公司业务签字—交质管培训部签字—交微机室打印。单品码，如是一元码或售价码，还应交分公司经理及总经办经理签字。

2. 一货一签

商品在销售中不同品名或同品名的商品有以下情况之一的，要实行一货一签：① 产地不同；② 规格不同；③ 等级不同；④ 商品材质不同；⑤ 花色不同；⑥ 包装不同；⑦ 商标不同。

3. 价格清晰，无破损

商品标价签标价准确、字迹清晰、标示醒目。

4. 做到有货有签

有货无签时：及时贴好价签或先将货品撤下待价签申请好后一并补上。

有签无货时：要标注缺货或及时撤下价签。

5. 卖场标价签，以公司规定的商品标价签为准

用公司统一发放的蓝白价签，用公司统一发放的打码纸，其他打印的价签不能替代。

6. 价签上的价格应合理

商品标价签（指蓝白价签）的价格不得高于生产厂家外包装所标注的商品价格；宣传海报、POP 等价格标示必须与商品标价签保持一致。

7. 价签摆放应美观

标价签的摆放应依据标价签的大小、颜色及经营场所的实际情况，做到美观整洁。

（三）如何检查价签

（1）柜台员工每天应对商品陈列进行检查，确保陈列的商品价签到位，价格清晰，无破损，如发现问题马上整改。

（2）三价保持一致，即价签上的价格、吊牌上的价格、微机室录入的价格应一致。

（四）蓝价签、红价签的区别

1. 原价

《禁止价格欺诈行为的规定》指出，原价是指经营者在本次降价前7日内在本交易场所成交的有交易票据的最低交易价格；如前7日内没有交易价格，以本次降价前最后一次交易价格作为原价。

2. 蓝价签、红价签的使用

蓝价签：正常价格商品使用。

红价签：特价商品使用，必须标注原价、特价两个价格且要求提供“原价”的依据。此外，对于特价商品，使用黄价签、橙价签的也较为常见。

案例分析：物价检查部门到某商场进行价格检查时发现，某款电动车商家标示每辆原价2 598元，特价1 998元，当检查人员要求商场提供“原价”的依据时，商场无法提供。随后的检查发现，该款电动车7日内在该商场成交的有交易票据的最低交易价格为2 398元，其原价2 598元为虚构。

【剖析】根据原价的含义，如果经营者优惠促销价标示的价格等于或者高于本次优惠折价活动前7日内的最低交易价格，就属于“虚假优惠折价”。特价商品或者服务的价格等于或者高于本次经营活动前7日内的最低交易价格的，属于价格欺诈行为。

二、活动期间的店内布置

（一）悬挂类

（1）吊旗：吊旗悬挂整齐，方向一致，如图2-18所示。

（2）拉花：门店货架上方悬挂拉花应避开吊牌及灯，不需再悬挂灯笼，以免重复，如图2-19所示。

（3）POP书写规范，悬挂在端架上方，整齐一致，如图2-20所示。

（4）气球：吊旗间隔部分可悬挂气球作为装饰，多个气球为一组用彩带捆绑，同组气球要选用相同颜色，春天、夏天的活动期选择绿色、蓝色的气球为主；秋天、冬天的活动期选择粉色、红色的气球为主，如图2-21所示。

图 2-18　吊旗

图 2-19　拉花

图 2-20　POP

图 2-21　气球

（二）张贴类

1. 爆炸花

（1）数量要求。端架：整个端架至少要有三个爆炸花，首层为大爆炸花，其他层为小爆炸花；货架：视整个货架长度来安排爆炸花数量，三节货架为 4 个以上，四节货架为 8 个以上。

（2）爆炸花大小选择及夹放要求。端架：必须为大的爆炸花，颜色统一为土黄色，用万向夹夹在货架的交接处，并夹在商品后面的货架上，万向夹尽量保持 S 形。货架：统一为小的爆炸花，颜色统一为土黄色，插在价码槽内。让利促销价格牌：仅限使用于大型活动期（包括新店开业）特价商品上（超低价商品不得使用），在“让利促销”字样下方有白色线框，根据线框用红色马克笔涂改出商品的现价，也可以用马克笔直接书写出商品的现价（图 2-22）。

图 2-22　让利促销价格牌

2. 货架相纸

（1）旧货架使用方式：货架相纸直接插在价码槽下方，每组端架、每组货架至少保证有 1 张货架相纸宣传。

（2）新货架使用方式：货架相纸用透明胶纸垂直张贴在码槽下方，每组端架、每组货架至少保证有 1 张货架相纸宣传（图 2-23）。

图 2-23　货架相纸

3. 终端布置效果

端架上除了插放气球外，须用鱼丝线悬吊活动期直接邮寄广告（DM）单，方便顾客阅读活动信息。店内卖场氛围可根据门店实际空间大小，选择相应的项目布置，使门店舒适、气氛浓郁为宜，如图 2-24 所示。

图 2-24　终端布置效果

（三）人员

（1）头冠喷绘：活动期间所有店员佩戴，活动结束后停止使用。

（2）绶带：活动期间须安排员工佩戴绶带，活动结束后停止使用（图2-25）。

图2-25　头冠喷绘和绶带

【牛刀小试】

在任务情境中，小周为了迎接春节的到来，设计了年底促销活动。因此，小周要布置好便利店的内部标识物，营造出“春节抢购”的氛围，小周可以在便利店中做以下布置。

1. 设计卖场的主色调

一提起过年，大部分人便会想起大红灯笼、火红的爆竹等以红色为主的东西，这便是中国年的“颜色”。因此，便利店可以以“中国红”为卖场的主色调，特卖签、海报、跳跳卡等都可以选用红色，让整个卖场看起来红红火火，如图2-26所示。

图2-26　设计卖场的主色调

2. 价签与福袋跳跳卡搭配使用

便利店可以以福袋的形象作为跳跳卡，将新春大促的主场优惠活动“买 200 送 50”展示在福袋上，以跳跃动感的形象陈列在货架上，让价签和福袋跳跳卡搭配使用，让满满的“福气”带着大大的实惠跳跃在消费者的眼前，如图 2-27 所示。

图 2-27　价签与福袋跳跳卡搭配使用

3. 制作主题海报

为了让活动主题第一时间戳中消费者的内心，便利店需要专门制作活动主题海报，反复重复“孝亲好礼带回家”活动宣传语的同时，将活动商品和“满 200 送 50”的活动内容制作成印刷海报，店员可以将这些海报悬挂在店内和活动产品货架上，这样既避免了店内员工书写海报的麻烦，也可将活动内容广而告之，如图 2-28 所示。

图 2-28　制作主题海报

4. 手绘活动 POP

小周可以根据自己的需求手绘 POP 海报，更加生动、直接地宣传活动内容，比如悬挂在橱窗上的“过年回家送健康”、悬挂在店堂里的“孝亲好礼带回家”等海报，不仅能让路过的消费者看到店内正在举行的活动，也能让进店的消费者感受到活动氛围，这种手写的海报更具灵活性、实用性，如图 2-29 所示。

图 2-29　手绘活动 POP

5. 使用主题活动展架

活动展架也是卖场氛围营造不可缺少的展示工具，便利店可以专门为此次活动设计一个大红色的主题展架，将活动宣传主题、活动内容等再次深化。一面红色的展架摆放在卖场最显著的宣传位置，让每一位进店的消费者都能在进店的第一时间被它吸引，活动氛围十分浓烈，如图 2-30 所示。

图 2-30　使用主题活动展架

任务单：假设你经营的是一家超市，请选择一个节日，根据该节日的特点，设计活动主题，写出活动时门店内布置方案。门店布置方案包括以下内容。

（1）卖场设置一定要贴近活动主题，和活动主题相吻合。

（2）装饰物品：货架端头、货架须有气球或其他物品装饰。

（3）卖场 POP 布置。① DM 单内容以 POP 书写并张贴卖场，要求：书写时品种、价格必须突出。② 店内 POP 悬挂：店内使用小号 POP 数量依店内面积为准（如店内面积 30 m^2，店内 POP 10 张），POP 内容：以买赠、特价、九折等内容为主。③ 悬挂方式。

（4）门店要挑选部分商品插爆炸花，爆炸花上要标注“特价”字样。选择品种要求：① 和本次活动主题相吻合商品。② 毛利低或负毛利商品。

【任务评价】

任务学习评价表

评价项目	评价关键点	配分	自评分	互评分	教师评分
价签设计	知道价签的主要内容	10			
	能根据商品正确填写价签	20			
价签检查	能根据价签的注意事项正确检查价签	20			
	能正确使用蓝价签和红价签	10			
活动期间店内布置	知道活动期间的店内布置内容	10			
	能根据门店实际空间大小，选择合适项目布置店内环境	30			

【同步练习】

一、判断题

（　　）1. 价签的规格必须标注，品名可标注，可详见商品。

（　　）2. 在新商品下放卖场时，需要提前打印好商品标价签。

（　　）3. 商品在产地不同、规格不同、等级不同、商标不同时要实行一货一签，但如果只是商品材质不同或者包装不同时不需要实行一货一签。

（　　）4. 商品标价签标价准确、字迹清晰、标示醒目。

（　　）5. 有签无货时不必要标注缺货或及时撤下价签。

（　　）6. 宣传海报、POP 等价格标示必须与商品标价签保持一致。

（　　）7. 三价保持一致是指价签上的价格、吊牌上的价格、微机室录入的价格保持一致。

（　　）8. 蓝价签是特价商品使用，红价签是正常价格商品使用。

（　　）9. 特价商品使用可以不用标注原价、特价两个价格，只要求标明特价。

（　　）10. 拉花悬挂在门店货架上方，应避开吊牌及灯，不需再悬挂灯笼，以免重复。

（　　）11. POP 要求书写规范，悬挂在端架上方，整齐一致。

（　　）12. 店内卖场氛围可根据门店实际空间大小，选择项目布置，以门店舒适、气氛浓郁为宜。

二、多项选择题

1. 价签的内容一般包括（　　）。

A. 品名　　B. 规格　　C. 产地　　D. 零售价

2. 需要实行一货一签的情况有（　　）。

A. 产地不同　　B. 商品材质不同

C. 规格不同　　D. 商标不同

3. 三价保持一致是指（　　）。

A. 价签上的价格　　B. 吊牌上的价格

C. 进货价　　D. 微机室录入的价格

4. 活动期间悬挂类的店内布置包括（　　）。

A. 吊旗　　B. 拉花　　C. POP　　D. 气球

5. 活动期间张贴类的店内布置包括（　　）。

A. 爆炸花　　B. POP　　C. 让利促销价格牌　　D. 货架相纸

三、简答题

1. 价签的主要内容有哪些？

2. 使用价签的注意事项有哪些？

3. 蓝价签和红价签分别在什么情况下使用?

4. 活动期间的店内布置包括哪些项目?

四、实训题

参考答案 2.3

你的蛋糕店正在筹备开业，请你完成商品价签的设计和摆放。为了吸引顾客，给顾客留下良好的第一印象，你还需要在开业当天做一次开业促销活动，因此需要提前完成活动期间的店内布置，以达到门店舒适、气氛浓郁的效果。

项目3

资金管理

项目概述

随着市场经济的发展，经济环境发生了根本性的变化，企业经济增长方式由粗放型逐步转向集约型。在这种经济环境中，如何提高经济效益已成为企业的一项十分重要的、迫切的任务。在企业的财务活动中，资金始终是一项值得高度重视的、高流动性的资产，因此资金管理是企业财务管理的核心内容。本项目共有四个学习任务，包括备用金管理、假币识别、门店成本控制、财务报表日常管理。通过该项目的学习和训练，可以帮助学习者提高资金管理的技能，提升职业素养。

任务 3.1 备用金管理

【任务目标】

知道备用金管理的相关内容，能正确填写借款单据。

【任务情境】

小陈在一家超市负责采购，临时被外派前往异地出差，需向单位申请领取备用金。

【应知应会】

一、备用金概述

（一）备用金的含义

备用金是企业、机关、事业单位或其他经济组织等拨付给非独立核算的内部单位或工作人员备作差旅费、零星采购、零星开支等用的款项。预支备作差旅费、零星采购等用的备用金，一般按估计需用数额领取，支用后一次报销，多退少补。前账未清，不得继续预支。对于零星开支用的备用金，可实行定额备用金制度，即由指定的备用金负责人按照规定的数额领取，支用后按规定手续报销，补足原定额。

（二）备用金的核定

单位为办理日常零星开支，需要保持一定数量的库存备用金，一般为 3~5 天零星支付所需现金。各预算单位应根据本单位的业务量、规模大小及零星开支情况提出备用金额度申请，支付中心依据预算单位的申请及具体业务情况审定备用金额度，并签订备用金管理责任书。

（三）备用金的使用范围

备用金主要用于小额零星报销费用支出，其使用范围为：除工资统发项目外的国家规定对个人的其他支出；出差人员必须随身携带的差旅费；其他确需支付现金的支出等。

二、备用金管理内容

单位领取的备用金应按国务院颁发的《现金管理暂行条例》进行管理，单位所发生的经济往来，除规定的范围可使用现金外，其他应通过银行进行转账结算。备用金管理包括借支管理和保管管理。

（一）借支管理

（1）企业各部门填制“备用金借款单”，一方面，财务部门核定其零星开支便于管理；另一方面，凭此单据支给现金。

（2）各部门零星备用金，一般不得超过规定数额，若遇特殊需要应由企业部门经理核准。

（3）各部门零星备用金借支应将取得的正式发票定期送到财务部门备用金管理人员（出纳员）手中，冲转借支款或补充备用金。

（二）保管管理

（1）备用金收支应设置“备用金”账户，并编制“收、支日报表”报送相关负责人。

（2）定期根据取得的发票编制备用金支出一览表，及时反映备用金支出情况。

（3）备用金账户应做到逐月结清。

（4）出纳人员应妥善保管各种与备用金相关的各种票据。

（5）定额管理。定额管理是指按用款部门的实际需要，核定备用金定额，并按定额拨付现金的管理办法。用款部门按规定的开支范围支用备用金后，凭有关支出凭证向财会部门报销，财会部门如数付给现金，使备用金仍与定额保持一致。一般对用于费用开支的小额备用金，实行定额管理的办法；对用于销售找零用的备用金，按营业柜组核定定额，并拨给现金。各柜组可从销货款中经常保留核定的找零款，不存在支出和报销的问题。

（6）非定额管理。非定额管理是指用款部门根据实际需要向财会部门领款的管理办法。在凭有关支出凭证向财会部门报销时，作为减少备用金处理，直到用完为止。如需补充备用金，再另行办理拨款和领款手续。对用于收购农副产品的备用金，在集中收购旺季时一般采用非定额管理的办法，在淡季零星收购时则采用定额管理的办法，实行交货补款。

备用金的管理不论采用何种办法，都应严格备用金的预借、使用和报销的手续制度。

【牛刀小试】

在任务情境中，小陈作为一名采购员，被临时外派异地出差，出差前向单位出纳申请领用备用金，主要是作为随身携带的差旅费。所以，按照单位的正常工作流程，申请领用备用金，必须要按规定办理手续，填制“备用金借款单”（见表 3-1）。其目的有两个：其一，财务部门核定其零星开支便于管理；其二，凭此单据支给现金。

表 3-1　备用金借款单

年　　月　　日

借款部门		借款人		还款期限	____年__月__日前		
借款事由及金额	本人因____________________ __________需要，特向公司申请借款 ¥________（大写）__________________元，并保证专款专用。 借款日期：______年____月____日。借款人：____________						
部门领导							
分管领导审批		会计核准		财务经理审批		董事长审批	
备注：1. 借款金额参照规定额度；2. 逾期不还，公司有权从工资中扣除。							

【任务评价】

学习任务评价表

评 价 项 目	评价关键点	配　分	自 评 分	互 评 分	教师评分
借款单	借款日期	5			
	借款人部门	5			
	借款人签字	15			
	借款金额大写	20			
	借款金额小写	20			
	借款用途	15			
	整体评价	20			

【同步练习】

一、简答题

什么是备用金？它的使用范围是什么？

参考答案3.1

二、实训题

2020年8月9日，小陈在小企业创业街负责采购，临时被外派前往异地出差，需向单位领取备用金3 000元。假如你是小陈，请正确填写以下借款单。

借　款　单

年　　月　　日

借款人部门		借款人签字	
借款金额	大写：		小写：
借款用途			
备　　注			

单位负责人：　　　　　财务经理：　　　　　部门负责人：

任务3.2 假币识别

【任务目标】

能够熟练依据人民币的防伪特征，运用鉴别假币的方法，快速、准确地识别假币。

【任务情境】

小王在某店从事收银员。在收银过程中他的速度很慢，而且多次在交班时赔钱，不是赔20元，就是赔50元，甚至还赔过100元，究其原因是他没有掌握识别假钞的方法，不会辨别钱的真伪。如果他能够熟练掌握假钞识别技术，对钱的真伪做出迅速、准确的判断，就可以提高收银效率，也可以为自己减少损失。

【应知应会】

一、人民币概述

中华人民共和国的法定货币是人民币，它的单位是元；辅币单位是角、分。人民币是指中国人民银行发行的货币，包括纸币和硬币。人民币简写符号为￥，人民币国际货币符号为CNY。目前市场上流通的人民币以第五套2005年版与2019年版为主。

二、2019年版人民币与2005年版人民币的区别及其防伪特征

中国人民银行发布公告，于2019年8月30日起发行2019年版第五套人民币50元、20元、10元、1元纸币和1元、5角、1角硬币。

2019年版第五套人民币50元、20元、10元、1元纸币分别保持2005年版第五套人民币50元、20元、10元纸币和1999年版第五套人民币1元纸币规格、主图案、主色调、“中国人民银行”行名、国徽、盲文面额标记、汉语拼音行名、民族文字等要素不变，提高了票面色彩鲜亮度，优化了票面结构层次与效果，提升了整体防伪性能。2019年版第五套人民币50元、20元、10元、1元纸币调整正面毛泽东头像、装饰团花、横号码、背面主景和正背面面额数字的样式，增加正面左侧装饰纹样，取消正面右侧凹印手感线和背面右下角局部图案，票面年号改为“2019年”。下面以50元、20元和10元为例，分析其主要调整变化和防伪特征。

（一）2019年版与2005年版50元纸币的区别及防伪特征

1. 区别

与2005年版50元对比，2019年版50元纸币票面正面和背面的调整如图3-1和图3-2所示。

2. 防伪特征

（1）光彩光变面额数字。光彩光变面额数字“50”位于票面正面中部。改变钞票观察角

度，面额数字“50”的颜色在绿色和蓝色之间变化，并可见一条亮光带上下滚动。

图3-1　2019年版和2005年版50元纸币正面对比

图3-2　2019年版和2005年版50元纸币背面对比

（2）雕刻凹印。票面正面毛泽东头像、国徽、“中国人民银行”行名、装饰团花、右上角面额数字、盲文面额标记及背面主景等均采用雕刻凹版印刷，触摸有凹凸感。

（3）动感光变镂空开窗安全线。动感光变镂空开窗安全线位于票面正面右侧。改变钞票观察角度，安全线颜色在红色和绿色之间变化，亮光带上下滚动。透光观察可见“¥50”。

（4）人像水印。人像水印位于票面正面左侧。透光观察，可见毛泽东头像水印。

（5）胶印对印图案。票面正面左下角和背面右下角均有面额数字“50”的局部图案。透光观察，正背面图案组成一个完整的面额数字“50”。

（6）白水印。白水印位于票面正面左侧下方。透光观察，可见面额数字“50”。

（二）2019 年版与 2005 年版 20 元纸币的区别及防伪特征

1. 区别

与 2005 年版 20 元对比，2019 年版 20 元纸币正面、背面的调整如图 3-3 和图 3-4 所示。

图 3-3　2019 年版和 2005 年版 20 元纸币正面对比

2. 防伪特征

（1）光彩光变面额数字。光彩光变面额数字“20”位于票面正面中部。改变钞票观察角度，面额数字“20”的颜色在金色和绿色之间变化，并可见一条亮光带上下滚动。

（2）雕刻凹印。票面正面毛泽东头像、国徽、“中国人民银行”行名、装饰团花、右上角面额数字、盲文面额标记及背面主景等均采用雕刻凹版印刷，触摸有凹凸感。

（3）光变镂空开窗安全线。光变镂空开窗安全线位于票面正面右侧。改变钞票观察角度，安全线颜色在红色和绿色之间变化。透光观察可见“￥20”。

（4）花卉水印。花卉水印位于票面正面左侧。透光观察，可见花卉图案水印。

（5）胶印对印图案。票面正面左下角和背面右下角均有面额数字“20”的局部图案。透光观察，正背面图案组成一个完整的面额数字“20”。

图 3-4 2019 年版和 2005 年版 20 元纸币背面对比

（6）白水印。白水印位于票面正面左侧下方。透光观察，可见面额数字“20”。

（三）2019 年版与 2005 年版 10 元纸币的区别及防伪特征

1. 区别

与 2005 年版 10 元对比，2019 年版 10 元纸币票面正面、背面的调整如图 3-5 和图 3-6 所示。

图 3-5 2019 年版和 2005 年版 10 元纸币正面对比

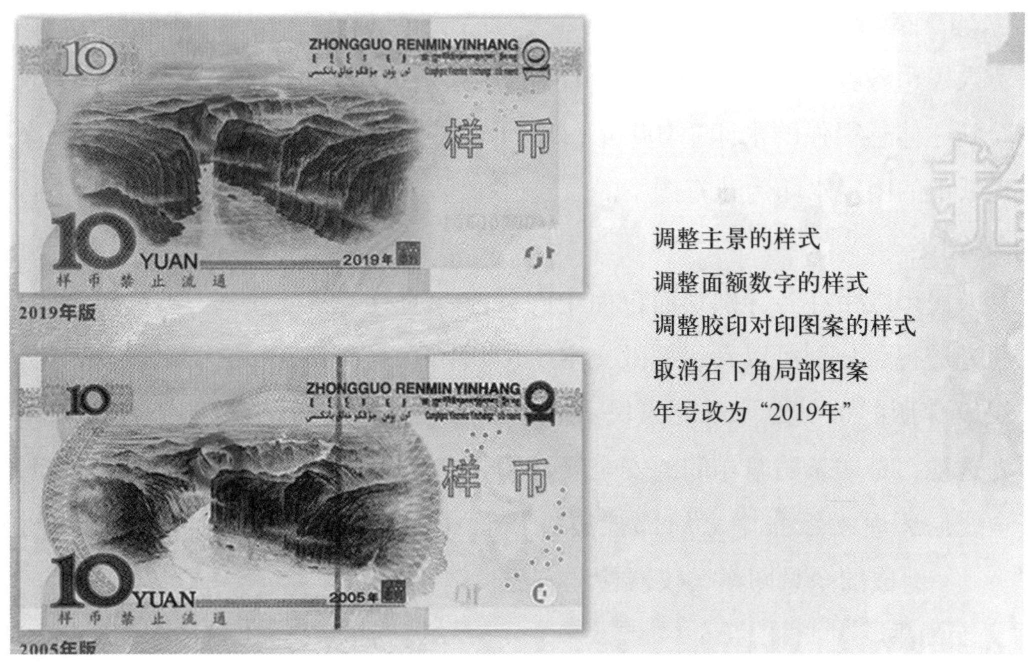

图 3-6 2019 年版和 2005 年版 10 元纸币背面对比

2. 防伪特征

（1）光彩光变面额数字。光彩光变面额数字“10”位于票面正面中部。改变钞票观察角度，面额数字“10”的颜色在绿色和蓝色之间变化，并可见一条亮光带上下滚动。

（2）雕刻凹印。票面正面毛泽东头像、国徽、“中国人民银行”行名、装饰团花、右上角面额数字、盲文面额标记及背面主景等均采用雕刻凹版印刷，触摸有凹凸感。

（3）光变镂空开窗安全线。光变镂空开窗安全线位于票面正面右侧。改变钞票观察角度，安全线颜色在红色和绿色之间变化。透光观察可见“￥10”。

（4）花卉水印。花卉水印位于票面正面左侧。透光观察，可见花卉图案水印。

（5）胶印对印图案。票面正面左下角和背面右下角均有面额数字“10”的局部图案。透光观察，正背面图案组成一个完整的面额数字“10”。

（6）白水印。白水印位于票面正面左侧下方。透光观察，可见面额数字“10”。

三、假币鉴别方法

（一）看

用肉眼看钞票的水印是否清晰、有无层次和立体的效果；看安全线；看整张票面图案是否单一或者偏色。看纸币的整体印刷效果，人民币真币使用特制的机器和油墨印刷，整体效果精美细致，假币的整体效果粗糙，工艺水平低。

1. 看水印

第五套人民币各券别纸币的固定水印位于各券别纸币票面正面左侧的空白处，迎光透视，可以看到立体感很强的水印。100 元、50 元纸币的固定水印为毛泽东头像图案。20 元、10 元、5 元纸币的固定水印为花卉图案。

2. 看安全线

第五套人民币纸币在各券别票面正面中间偏左，均有一条安全线。100 元、50 元纸币的安全线，迎光透视，分别可以看到缩微文字“RMB100”“RMB50”的微小文字，仪器检测均有磁性；2019 年版的 100 元、50 元人民币安全线的微小文字为“￥100”和“￥50”，20 元纸币，迎光透视，是一条明暗相间的安全线，10 元、5 元纸币安全线为全息磁性开窗式安全线，即安全线局部埋入纸张中，局部裸露在纸面上，开窗部分分别可以看到由微缩字符“￥10”“￥5”组成的全息图案，仪器检测有磁性。

3. 看光变油墨

第五套人民币 100 元纸币和 50 元纸币正面左下方的面额数字采用光变墨印刷。将垂直观察的票面倾斜到一定角度时，100 元纸币的面额数字会由金色变为绿色；50 元纸币的面额数字则会由绿色变为蓝色。

4. 看票面图案是否清晰，色彩是否鲜艳，对接图案是否可以对接上

第五套人民币纸币的阴阳互补对印图案应用于 100 元、50 元和 10 元纸币中。这三种纸币的正面左下方和背面右下方都印有一个圆形局部图案。迎光透视，两幅图案准确对接，组合成一个完整的古钱币图案。

5. 用 5 倍以上放大镜观察票面，看图案线条、缩微文字是否清晰干净

第五套人民币纸币各券别正面胶印图案中，多处均印有微缩文字，20 元纸币背面也有该防伪措施。100 元微缩文字为“RMB”和“RMB100”；50 元为“50”和“RMB50”；20 元为“RMB20”；10 元为“RMB10”；5 元为“RMB5”和“5”字样。

（二）摸

我国现行流通的人民币 1 元以上纸币分别用凹版印刷技术。触摸票面上凹印部位的线条是否有明显的凹凸感。假币无凹凸感或者凹凸感不强烈。

（1）摸人像、盲文点、“中国人民银行”行名等处是否有凹凸感。

手工雕刻头像：第五套人民币纸币各券别正面主景均为毛泽东头像，采用手工雕刻凹版印刷工艺，形象逼真、传神，凹凸感强，易于识别。

（2）摸纸币是否薄厚适中，挺括度好。

（三）听

人民币纸币所使用的纸张是经过特殊处理、添加有化学成分的纸张，挺括耐折，用手抖动或者用手弹指就会发出清脆的声音。如果是假币，抖动或者弹击的声音发闷。

（四）测

真人民币纸币的尺寸十分严格，精确到以毫米计，另外可以使用验钞机检测是否有色荧光图纹；用磁性仪检测磁性印记。

【牛刀小试】

在任务情境中，假如你从事收银工作，应该岗前学习有关收银的相关理论知识，可以借助各种渠道学习识别假币的方法教学视频，通过多学习多实践，慢慢积累经验，这样就能够大大提高收银效率，也可以为自己减少损失。同时，每天认真填写收银日报表（见表 3-2）。

表 3-2　收银日报表

_____ 店　　　　_____ 年____月__ 日　　　　天气：_____

<table>
<tr><td colspan="10">营 业 收 入</td></tr>
<tr><td colspan="2">金额（元）</td><td>100</td><td>50</td><td>10</td><td>5</td><td>1</td><td>0.5</td><td>0.1</td><td>小计</td></tr>
<tr><td colspan="2">早班零找金</td><td></td><td></td><td></td><td></td><td></td><td></td><td></td><td></td></tr>
<tr><td colspan="2">早班现金收入</td><td></td><td></td><td></td><td></td><td></td><td></td><td></td><td></td></tr>
<tr><td colspan="2">晚班零找金</td><td></td><td></td><td></td><td></td><td></td><td></td><td></td><td></td></tr>
<tr><td colspan="2">晚班现金收入</td><td></td><td></td><td></td><td></td><td></td><td></td><td></td><td></td></tr>
<tr><td colspan="10">零用金支出明细</td></tr>
<tr><td>时间</td><td>金额</td><td>当班
收银员</td><td>签收人</td><td>备注</td><td>时间</td><td>金额</td><td>当班
收银员</td><td>签收人</td><td>备注</td></tr>
<tr><td></td><td></td><td></td><td></td><td></td><td></td><td></td><td></td><td></td><td></td></tr>
<tr><td></td><td></td><td></td><td></td><td></td><td></td><td></td><td></td><td></td><td></td></tr>
<tr><td>早班</td><td colspan="9">1. 发票号码自□□□至□□□□ 作废号码：□□□□，共_______张
2. 收银机金额总计□□□元，（减）预收金额□□□□元，（减）支出□□□元，（减）收银差额□□□□元，早班应存入□□元</td></tr>
<tr><td colspan="10">交班人：□□□□□，接班人：□□□□，主管签核：□□□□□</td></tr>
<tr><td>晚班</td><td colspan="9">1. 发票号码自□□□至□□□□ 作废号码：□□□□，共_______张
2. 收银机金额总计□□□元，（减）预收金额□□□□元，（减）支出□□□元，（减）收银差额□□□□元，本日应存入□□元</td></tr>
</table>

续表

本日营业总计	1. 发票号码自□□□至□□□□ 作废号码：□□□□，共________张 2. 收银机金额总计□□□元，（减）预收金额□□□□元，（减）支出□□□元，（减）收银差额□□□□元，本日应存入□□元
总部会计科：□□，区督导：□□□，主管签核：□□□□□，填表人：□□□□□	
备注	1. 营业额之记录以点购单为准。 2. 本表由早晚班收银人员填写，经主管检核。 3. 收银差额是指现金缺少，找错钱或不明原因等，皆列入此栏中。 4. 收银交班后，结算的钱财交给店主管或置于定点；本表则交给接班收银人员。 5. 每日打烊前填妥，于隔日上午10:00前传真回公司总部。 6. 本表由会计存查，门市保留6个月。

【任务评价】

任务学习评价表

评价项目	评价关键点	分值	自评分	互评分	教师评分
10元	辨别真假币时间	2秒10分 3秒8分 4秒6分 5秒4分			
	辨别真假币	真10分 假20分			
20元	辨别真假币时间	2秒10分 3秒8分 4秒6分 5秒4分			
	辨别真假币	真10分 假20分			
50元	辨别真假币时间	2秒10分 3秒8分 4秒6分 5秒4分			
	辨别真假币	真10分 假20分			
100元	辨别真假币时间	2秒10分 3秒8分 4秒6分 5秒4分			
	辨别真假币	真10分 假20分			

【同步练习】

实训题

实训物资准备：10元、20元和50元人民币若干。

实训人员组织：全班自由结合分组，每组4~6人，自行确定各组组长，并进行分工。在各组组长的带领下，组员依次进行识别人民币防伪特征的训练。可根据训练程度进行组与组之间的识别人民币防伪特征比赛。

任务 3.3 门店成本控制

【任务目标】

1. 能明晰门店成本的概念及构成。
2. 知道门店成本控制的重要性。
3. 能分清成本项目是否为可控项目，并能进行相应的门店成本控制。

【任务情境】

小陈与朋友合伙开办了一间便利店。除了与朋友两人外还雇用了两名职员帮忙，由于门店并不大，又缺乏经验，虽然生意不错，但一个月下来，扣除租金、水电费还有支付给职员的工资，利润很低，那么，小陈应该如何减少门店的费用、提高利润呢？

【应知应会】

一、门店成本的概念及构成

门店成本，也就是维持店面正常运营的各项费用支出，即日常开销，包括工资、运杂费、租赁费、物业费、折旧费、办公费、邮电费、水电费、卫生费、空调费、装修维修费、业务宣传费、印刷费、税金等。

二、门店成本控制的重要性

成本是企业生存和发展不可不谈的话题，成本的高低往往直接决定了企业的生存与发展，成本控制对每个企业来说都是管理的重点之一，彼得·德鲁克说过，“企业家就是做两件事，一是营销，二是削减成本，其他都可以不做”。强调了控制成本的重要性。

（一）控制成本是门店增加利润的根本途径

无论在什么情况下，降低成本都可以增加利润。在门店业绩不变的情况下，降低成本可以使利润增加；在业绩增长的情况下，降低成本可以使公司利润更快地增长；在业绩下降的情况下，降低成本可以有效地控制利润的下降。因此，门店都会把成本控制作为日常管理的一项重要内容来抓。

（二）控制成本是抵抗内外压力的重要武器

门店在经营过程中，会遇到来自各方面的压力，如国家政策影响、同行业的竞争、员工要求提高薪水和改善福利待遇等。要想在压力中寻求生存及发展，增强企业抵抗风险的能力，使企业在激烈的市场竞争中处于有利地位，降低成本是最重要的措施之一。

（三）控制成本是门店持续发展的基础

门店只有降低成本、扩大业绩后，才会有稳固的经营基础，才能更有力量去拓展新的业务，从而发展壮大。

三、如何进行门店成本控制

（一）从可控制费用入手

成本可分为可控成本和不可控成本，只有那些在经营过程中可以人为进行调控费用，如水电费、办公用品消耗量、办公电话费等，花力气去控制才有意义。从可控制费用入手进行成本控制，才是门店的成本控制之道。

1. 耗电成本的控制

① 店内用灯开关指定专人负责，养成随手关灯的习惯。② 招牌灯箱定时设置冬季下午5:30开、早上7:00关，夏季晚上7:30开、早上5:00关。③ 电脑、饮水机、打印机等用电设备在晚上下班时必须关闭，减少待机能耗。④ 灯泡大功率更换小功率，统一用节能灯。⑤ 夏季空调温度不要低于26℃。

2. 日常办公用品的控制

① 建立打印登记台账，减少不必要的打印费用。建立复印纸领用使用台账，尽量减少非正式文件的复印，如无特殊要求，纸张要两面使用。② 削减日常开销：为了让员工树立成本意识，最好采取定额管理，并且办公用品应以旧换新。

（二）从激励约束机制方面入手

成本控制需要所有与成本相关人员的参与。如何发挥每个成本相关者在成本控制中的作用是企业成本控制必须解决的问题，解决之道就是建立成本控制制度，建立与之相关的激励与约束机制，靠制度，用激励与约束的方式来调动员工控制成本的主观能动性，将节约成本与控制者的切身利益联系起来，利用奖惩的办法将企业被动成本控制转换为全员的主动成本控制。

【牛刀小试】

在任务情境中，如果我是小陈，我会首先从可控制费用入手来减少门店费用。

（1）耗电成本的控制。

（2）日常办公用品的控制。

（3）日常电话费的控制。

然后，建立与之相关的激励与约束机制，靠制度，用激励与约束的方式来调动员工控制成本的主观能动性，将节约成本与控制者的切身利益联系起来，利用奖惩的办法将门店被动成本控制转换为全员的主动成本控制。

任务单：请代小陈分析电费这项成本项目，列举成本控制的具体措施，填写表 3-3。

表 3-3　成本项目分析单

成本项目名称	
电费	
是否为可控项目	
成本控制的具体措施	

【任务评价】

任务学习评价表

评价任务	评价关键点	配　分	自评分	互评分	教师评分
明晰门店成本	能进行成本归类	20			
	列出成本清单	20			
	列出可控项目	20			
控制门店成本	合理提出成本控制方法	20			
	能编制相应的成本控制激励机制	20			

【同步训练】

一、填空题

1. 门店成本，也就是维持店面________的各项费用支出。

2. 要想在压力中寻求生存及发展，增强企业抵抗风险的能力，使企业在激烈的市场竞争中处于有利地位，________是最重要的措施。

3. 从________入手进行成本控制，才是门店的成本控制之道。

二、简答题

1. 简述门店成本控制的重要性。

2. 如何进行门店成本控制？

参考答案 3.3

三、实训题

你作为某一间店铺的老板，为了总结经验，提高店铺的经营效率，你决定减少一些不必要的开支，请你与你的店铺成员一起控制门店运营成本。

任务 3.4 财务报表日常管理

【任务目标】

1. 能根据日常经营情况做好财务报表。

2. 知道如何通过报表核算成本费用与利润。

【任务情境】

小陈与朋友合伙开办了一间便利店。便利店经营一段时间后，小陈想看看自己有没有赚钱，也想了解便利店的整体经营情况，你能帮帮他吗？

【应知应会】

一、财务报表的概念和作用

（一）财务报表的概念

财务报表是以会计账簿为主要依据，以货币为计量单位，全面、总括地反映会计个体在一定时期内财务状况、经营成果、现金流量和理财过程的报告文件。主要财务报表包括资产负债表、现金流量表、利润表。

（二）财务报表的作用

（1）财务报表所反映的信息，是企业经营者了解经营情况、实施经营管理和进行经营决策必不可少的经济信息之一。通过对财务报表进行分析，可以加强和改善经营管理，争取更大的经济效益。例如，利润表反映出企业的毛利率，与行业平均毛利率相比，就可以发现经营中的优势和劣势；通过周转率的比较，就能很容易明白资产经营的质量是否高于竞争对手和同行；通过偿债能力指标的比较，管理层就很容易发现资金使用是否还有边际收益等。

（2）财务报表所提供的信息，是企业的债权人和股东迫切需要了解的信息。财务报表主要反映企业的经营成果、财务状况和现金流量。债权人可据此决定是否给予公司资金融通。股东可据以决定对公司股票的买卖或对公司管理当局的经营方式和经营方向做出判断。

（3）财务报表所反映的信息，是财政、税务、银行和审计部门对企业进行检查和监督的资料来源。这些部门通过企业财务报表可以了解企业贯彻财经纪律、法令、政策的情况，从而协助企业改善经营管理，取得更大的经济效益。

二、资产负债表

（一）资产负债表的概念和作用

资产负债表又称为财务状况表，是体现企业在特定时点财务状况的报表。资产负债表可以向报表使用者反映企业资产、负债和所有者权益项目在特定日期的情况。

资产负债表是企业对外提供的一份基本报表，是报表使用者借以了解企业情况、做出相应决策的工具。它可使使用者了解企业拥有或控制的经济资源及其分布情况，分析企业生产经营能力；可以了解企业未来需要多少资产或劳务清偿债务；可以了解投资者在企业总资产中所占的份额。

（二）资产负债表所反映的信息

1. 企业的短期偿债能力

反映企业短期偿债能力的主要指标有速动比率和现金比率。

（1）速动比率。速动比率是企业速动资产与流动负债的比率。速动资产是指流动资产扣除存货、待摊费用、1年内到期的非流动资产和其他流动资产等后的差额，包括货币资金、交易性金融资产和各种应收、预付款项等。用速动比例衡量企业的短期偿债能力更加准确。普遍认为，速动比率控制在1:1会比较合适，它表明企业每一元的负债都有一元能够迅速变现的资产与之相对应，偿还能力较好，又不会过多地占用资金。

（2）现金比率。现金比率是企业现金类资产与流动负债的比率。其中，现金类资产是指速动资产中，流动性最强、可直接用于偿债的资产。包括企业所有的货币资金和现金等价物，比如易于变现的有价证券。这个指标最能够反映企业对流动负债的偿还能力。但是要注意的是如果现金比率高，虽然能够提高债务的支付能力，但却使资金闲置，违背了负债的初衷，并增加了企业的利息成本，降低了企业的获利能力，因此现金比率不是越高越好。

2. 企业的资本结构和长期偿债能力

资本结构比率是指债务、所有者权益和资产的相互关系，反映企业的财务风险和长期偿债能力。其指标主要有资产负债率、产权比率等。

（1）资产负债率。它是负债总额除以资产总额的百分比，也就是负债总额与资产总额的比例关系。它反映在总资产中有多大比例是通过借债来筹资的，也可以衡量企业在清算时保护债权人利益的程度。负债的比例越低，表明企业的偿债能力越强，债权人得到保障的程度越高。

（2）产权比率。产权比率又叫债务股权比，是负债总额与股东权益总额的比率。该指标反映由债权人提供的资本与股东提供的资本的相对关系，反映企业基本财务结构是否稳定。产权比率高，是高风险、高报酬的财务结构；产权比率低，是低风险、低报酬的财务结构。该指标同时也可表明债权人投入的资本受到股东权益保障的程度，或者说是企业清算时对债权人利益的保障程度。它是衡量企业长期偿债能力的指标之一，产权比率高，表明企业的偿债能力弱，产权比率低，表明企业的偿债能力强。

3. 企业的财务弹性

财务弹性是反映企业偿还负债的弹性程度的指标。债券评级要衡量的是企业营业收益的偿债能力。常用的反映企业财务弹性的指标有净资产比率、流动比率、应收账款周转率等。

（1）净资产比率。净资产比率＝股东权益总额/总资产。该指标主要用来反映企业的资金实力和偿债安全性。净资产比率的高低与企业资金实力成正比，但该比率过高，则说明企业财务结构不尽合理。该指标一般应在50%左右，但对于一些特大型企业而言，该指标的参照标准应有所降低。

（2）流动比率。流动比率＝流动资产/流动负债。该指标主要用来反映企业偿还债务的能力。一般而言，该指标应保持在2:1的水平。

（3）应收账款周转率：即销售收入除以平均应收账款的比值，也就是年度内应收账款转为现金的平均次数，它说明应收账款流动的速度。用时间表示的周转速度是应收账款周转天数，也叫平均应收账款回收期或平均收现期，表示企业从取得应收账款的权利到收回款项、转换为现金所需要的时间，等于360除以应收账款周转率。

三、利润表

（一）利润表的概念和作用

利润表，又称损益表，是反映企业在一定会计期间经营成果的报表。利润表反映了因为盈利活动而引起的资产负债表中的权益变化，并最终通过所有者权益表现出来。利润表是企业经济效益的综合体现，它所提供的信息是动态信息，专门记录企业在一定时期内有多少收入、多少费用、多少利润。

利润表反映企业在一定期间内的经营成果，有助于评价企业的获利能力，判断企业的价值，预测企业未来盈利变化的趋势。

（二）利润表的主要项目和内容

（1）营业收入：是指企业日常经营活动中取得的经济利益的流入。

（2）营业成本：反映企业在主要经营活动以及其他业务所发生的成本总额。营业成本与营业收入相配比，二者之间的差额就是通常所谓的毛利额，它基本上代表着企业所从事的商品和劳务的盈利水平。

（3）税金及附加：反映企业在本期经营活动中应负担的流转税费。

（4）销售费用：反映企业在销售过程中发生的各项费用。

（5）管理费用：反映企业为组织管理企业经营活动所发生的各项费用。

（6）财务费用：反映企业为筹集生产经营所需资金而发生的各项费用。

（7）资产减值损失：反映企业因资产价值减值而计提资产减值准备所形成的损失。

（8）投资收益：反映企业确认的投资收益或者损失。

（9）营业外收入和营业外支出：反映企业发生的与经营业务无直接关系的各项利得（损失）。

（10）所得税费用：反映企业应从当期利润总额中扣除的所得税费用。

（三）利润表的编制

第一步：以主营业务收入为基础，减去主营业务成本、税金及附加，计算出主营业务利润。

第二步：以主营业务利润为基础，加上其他业务利润减去营业费用、管理费用、财务费用，计算出营业利润。

第三步：以营业利润为基础，加上投资收益、补贴收入、营业外收入，减去营业外支出，计算出利润总额。

第四步：以利润总额为基础，减去所得税，计算出净利润（或亏损）。

四、现金流量表

（一）现金流量表的概念和作用

现金流量表主要提供有关企业现金流量方面的信息。

现金流量表揭示企业现金流入流出的来龙去脉，有助于评价公司的支付能力、偿债能力和周转能力，有助于评价企业利润的质量和经营绩效，有助于预测和规划企业未来的现金流量与财务前景。

（二）现金流量表主要项目和内容

1. 经营活动产生的现金流量

企业会计准则对于经营活动的现金流量采取了排除法予以界定，即这里所谓的经营活动，是指企业投资活动和筹资活动以外的所有交易和事项。经营活动主要包括销售商品、提供劳务、经营性租赁、购买商品、接受劳务、广告宣传、推销产品、交纳税款等。

2. 投资活动产生的现金流量

投资活动是指企业长期资产的购建和不包括在现金等价物范围内的投资及其处置活动。按投资的方向，投资可分为对内投资和对外投资。资产负债表中的固定资产、在建工程、无形资产等方面的投资是对内投资。对内投资是把资金投放在企业内部，用来购置各种生产经营资产。对外投资是指企业以现金、实物或购买有价证券（如股票、债券等）的形式向其他单位投资，主要是指股权投资和债权投资。财务会计在日常核算中所谓的投资就是指这类投资。

3. 筹资活动产生的现金流量

筹资活动是指导致企业资本及债务规模和构成发生变化的活动。企业的筹资活动主要包括两大类型，即股权融资和债权融资。如借款、发行债券、发行股票、融资租赁等活动都属于筹资活动。

【牛刀小试】

在任务情境中，小陈开的是一家便利店，要想了解便利店的整体经营情况，必须懂得编制资产负债表、利润表。

小陈的便利店20××年10月31日有关账户发生额如表3-4所示，请根据相关资料编制利润表，完成表3-5。

表 3-4　损益类账户发生额

20××年10月　　单位：元

会计科目	金　额	会计科目	金　额
主营业务收入	52 000	其他业务成本	1 500
其他业务收入	2 000	管理费用	3 500
营业外收入	6 000	财务费用	400
主营业务成本	40 000	营业外支出	200
销售费用	3 000	所得税费用	3 597
税金及附加	500		

表 3-5　利　润　表

编制单位：××便利店　　20××年10月　　单位：元

项　目	本期金额
一、营业收入	
减：营业成本	
税金及附加	
销售费用	
管理费用	
财务费用	

续表

项 目	本期金额
加：投资收益（损失以“-”号填列）	
二、营业利润（亏损以“-”号填列）	
加：营业外收入	
减：营业外支出	
三、利润总额（亏损总额以“-”号填列）	
减：所得税费用	
四、净利润（净亏损以“-”号填列）	

（注：营业收入=主营业务收入+其他业务收入；营业成本=主营业务成本+其他业务成本）

【任务评价】

任务学习评价表

评价任务	评价关键点	配 分	自评分	互评分	教师评分
资产负债表	能编制各项目	15			
	能根据报表说出店铺本季度末的财务状况和各股东的出资情况	20			
利润表	能编制各项目	15			
	能根据利润表中说出收入、费用、利润	20			
	做出经营预测	10			
现金流量表	能编制各项目	10			
	能根据报表说出店铺的支付能力、偿债能力和周转能力	10			

【同步训练】

一、填空题

1. 财务会计报表主要包括________、________、________。

2. ________，又称损益表，是反映企业在一定会计期间经营成果的报表。

3. 流动比率=流动资产/流动负债。该指标主要用来反映企业偿还债务的能力。一般而言，该指标应保持在________的水平。

二、单项选择题

1. 净资产比率的高低与企业资金实力成正比，但该比率过高，则说明企业财务结构不尽合理。该指标一般应在（　　）左右。

A. 70%　　B. 60%　　C. 50%　　D. 40%

2.（　　）主要提供有关企业现金流量方面的信息。

A. 资产负债表　　B. 现金流量表

C. 利润表　　D. 所有者权益变动表

三、简答题

1. 如何编制利润表?

2. 简述三大财务报表的概念及作用。

四、实训题

如果你的学校有学生创业门店，请你和你的组员根据其本季度经营情况编制资产负债表、现金流量表和利润表，并说明门店的经营情况。如果没有的话请任选一间店铺调查，编制本月的资产负债表、现金流量表和利润表。

参考答案 3.4

项目4

商品管理

项目概述

商品管理是门店运营中必不可少而且是非常重要的工作内容。掌握商品管理的要求和技巧，对提高门店销售量、减少损失、增加利润都具有十分重要的作用。本项目共有四个学习项目，包括进货作业管理、存货作业管理、理货作业管理、商品价格管理。通过该项目的学习和训练，学习者可提高门店商品管理的技能，提升职业素养。

任务4.1 进货作业管理

【任务目标】

1. 能根据市场流行趋势、商品销售历史数据、季节性与竞争对手等情况进行商品需求预测。

2. 知道订货作业注意事项，能正确填写商品订货计划单进行适量订货。

3. 能履行验收人员工作职责进行商品验收。

4. 能按照退换货作业的注意事项，正确完成退换货作业。

【任务情境】

小陈准备与朋友合伙开办一间便利店。便利店目前已完成选址、命名和注册等筹备工作，便利店选址在多个高档生活小区附近，为了能在月底按时开店营业，小陈需要完成商品进货、陈列和定价等工作。进货是门店销售的基础，也会直接影响门店的经营绩效。那么，小陈应该进什么货？每次进多少货？如何才能完成进货工作任务？

【应知应会】

一、进货作业概述

（一）进货的定义

进货是企业从编制进货计划开始，经过供应商的选择到确定供应商、进行合同的签订和执行，到商品验收入库的完整业务经营过程。门店的进货就是依据订货计划向总部、配送中心或总部指定的厂商及自行采购单位进行货物采购的活动。

（二）商品需求预测

存储是满足未来的需求，随着需求的被满足，存储就会减少。需求可能是间断的，也可能是连续发生的，可能是确定型的，也可能是随机型的。

在商品需求预测过程中要考虑的因素包括气候变化、商品生命周期、预估未来市场的变化等，订购、采购应随时把握瞬间流行商品的商机，并随时注意价格变化及库存控制。

二、门店的进货作业管理

从广义上来讲，门店的进货作业管理主要包括订货、进货、收货、退换货等作业。

（一）订货作业

门店的订货作业是指门店在连锁企业总部所确定的供应商及商品范围内，依据订货计划而进行的叫货、点货或称为添货的活动。

1. 填写订货计划单

当发现库存不足时应该首先填写订货计划单，由领导审批后交由总部汇总进行统一订货。订货计划单如表4-1所示。

表4-1　订货计划单

店铺：　　　　　　　　　　　　　　　　　　　　　　填单日期：

商品名称		单　位	数　量	单价（进价）	总　价
合计金额（元）		店长签名		采购时间	

2. 门店订货作业注意事项

（1）存货检查。存货检查的目的主要有以下三个方面：首先，要考虑是否需要订货；其次，科学地控制库存，若发现问题需及时处理；最后，在检查库存的过程中，一定要严把质量关。

（2）适时订货。当今社会无论什么都讲究时效性，及时、适时的订货活动能保证企业的正常运营，否则将会影响企业效益。

（3）适量订货。适量订货是指本次所定货物数量既要保证下一销售周期的商品供应，又不造成过量的库存，从而增加成本。适当的订货量一般依据商品每日销售量、订货至送达门店的前置时间、商品的最大安全库存量等指标来确定。

（二）进货作业

进货作业是门店依照计划单由公司总部、配送中心或供应商将产品送达门店的作业。进货作业对供应商或配送中心来说就是“配送”，对门店而言，其作业的重点应是验收。

进货作业流程应注意的事项如下。

(1) 进货要严格遵守时间。进货时间的确定应考虑厂商作业时间、交通状况、营业需要及内部员工出勤时间。

(2) 验收单、发票需齐备。

(3) 商品整理分类要清楚，在指定区域进行验收。

(4) 先退货再进货，以免退调商品占用店内仓位。

(5) 验收后有些商品直接进入卖场，有些商品则进内仓或进行再加工。

(6) 拒收变质、过保质期或已接近保质期的商品。

(三) 收货作业

在收货作业过程中应注意以下事项：不要一次同时验收几家厂商的进货；不可直接送货至仓库；避免在营业高峰时间进货；不允许由厂商清点商品。

验收人员工作职责如下。

(1) 整理后场环境，将相关物品（如推车等）堆放整齐。

(2) 依照订货单上内容逐一清点，并抽查商品内容。

(3) 按连锁企业总部规定的商品验收办法验收商品。

(4) 发现有拆箱或其他异常状况时，应予以全部清查。

(5) 验收结束，必须将商品堆放在暂存区或直接放入卖场，再由理货员确认，不可与其他进货商品混淆。

(6) 厂商退货时必须检查退货单，由验收人员确认品名、数量无误后，方可放行。

(7) 供应商带回的商品空箱，须由验收人员检查确认。

(四) 退换货作业

常见的退换货原因有以下几个：品质不良，订错货、送错货，顾客反馈的问题产品或是总部明确规定的滞销品，过期商品。

办理退换货作业应注意以下事项。

(1) 供应商确认，即先查明待退换商品所属供应商或送货单位。

(2) 退调商品也要清点整理，妥善保存，一般整齐摆放在商品存放区的一个指定地点。

(3) 填写退换货单，注明其数量、品名及退货原因。

(4) 迅速联络供应商或送货单位办理退换货。

(5) 退货时确认扣款方式、时间及金额。

【牛刀小试】

在任务情境中，小陈的便利店需要完成商品进货工作。进货工作中最重要的是要先确定进什么货，即商品选择策略。便利店在选择商品进货时可以重点采购以下三类商品。

（1）临时性需要商品。便利店的本质是便利地满足人们对临时性需要商品的需要，这些临时性需要商品每年周转 25 次，即约两周周转一次。这些商品包括五种：一是即时消费品，买了就能用，买了就能吃；二是季节性商品，如夏天的冷饮，冬天的热饮；三是应急性商品，如家里来客人所用的商品、一时急需的商品、突然用完的商品；四是小量商品，一次用不多，用不完可扔掉；五是调剂性商品，如休闲食品、休闲杂志。

（2）利润率相对较高的商品。便利店的营业空间和规模不是很大，而且本着方便社区的经营宗旨，应该把经营的重点放在 20%高利润、高销售额的主营商品上。便利店的主营商品一般是相对固定的。确定主营商品后，便利店需要实施的一项重要商品策略就是对商品的规格进行筛选。在一般超市的货架上，往往可以看到同一种商品有好几种不同的规格，以适应消费者不同的消费需求。但是，在便利店，由于陈列空间有限，要尽量把某种商品的销售量集中在 2~3 种规格上，同一种商品的品牌不必太多，这样还能够以较大规模的集中订货获得较低的进货价。

（3）提供便民服务。便利店不仅是出售商品的，也是提供服务的，如提供邮政服务、票务服务、收费服务、速递服务、快印和复印服务，销售杂志、电话卡、交通卡；销售人们所喜欢食用的热饮、茶叶蛋、鲜肉月饼、串煮食品等。还可以帮助居民交水费、电费等，帮助居民代买音乐演唱、体育比赛等票。便利是其最大的服务特色。服务的多样化和供应上的便利性是便利店区别于其他零售业态的重要特征。

小陈根据便利店的商品选择策略确定采购商品，然后根据订货、进货和收货作业流程完成商品采购工作，并填写表 4-2 至表 4-4。

表 4-2　订货计划表

门店名称：____________商品类别：______________制表日期：__________

品种	货号	供应商编号	规格	数量	单价	金额	购进方式	提货方式	订货日期	到货日期

表 4-3　进货计划表

序号	商品名称	品牌	型号	数量	单位	要求到货日期	是否需要替代商品（无货情况下）

表 4-4　物品验收入库单

序号：

编号	品　　名	规格	单位	订货数量	单价	合计金额	备注
1							
2							
3							
4							
5							
6							
7							
8							

采购人：　　　　　　　　　　　　验收人：

【任务评价】

学习任务评价表

评 价 项 目	评价关键点	配　分	自 评 分	互 评 分	教师评分
订货	能进行商品需求预测	10			
	能正确填写订货计划单	20			
进货	知道进货作业流程的注意事项	10			
收货	知道收货作业流程的注意事项	10			
	能履行验收人员的工作职责	20			
退换货	知道常见的退换货原因	5			
	知道办理退换货作业的事项	10			
	能正确办理退换货	15			

【同步练习】

一、填空题

1. 门店在订货作业中应注意的事项有________、________和________。
2. 对门店来讲，进货的作业重点是________。
3. 适时订货主要是指订货应注意________。

二、多项选择题

1. 在商品需求预测过程中要考虑的因素包括（　　　）。

A. 气候变化　　　　B. 商品生命周期
C. 预估未来市场的变化　　　　D. 流行商品

2. 适当的订货量一般依据（　　　）来确定。

A. 商品每日销售量　　　　B. 订货至送达门店的前置时间
C. 商品的最大安全库存量　　　　D. 订货时间

3. 在收货作业过程中不应该做的事情有（　　　）。

A. 同时验收几家厂商的进货　　　　B. 直接送货至仓库
C. 在营业高峰时间进货　　　　D. 由厂商清点商品

4. 常见的退换货原因有（　　　）。

A. 品质不良　　　　B. 订错货、送错货
C. 顾客反馈的问题产品或是滞销品　　　　D. 过期商品

5. 门店订货作业注意事项主要包括（　　　）。

A. 想订货就订货　　　　B. 订货前需要进行存货检查
C. 适时订货　　　　D. 适量订货

三、简答题

1. 进货作业流程应注意的事项有哪些？

2. 验收人员工作职责有哪些？

3. 办理退换货作业应注意的事项有哪些？

四、实训题

参考答案 4.1

你的便利店为了筹备开业，最近在进行商品进货，请你和你的合伙人一起进行商品需求预测，确定进货商品的品种、数量、金额等，正确填写订货计划单并提交给实训中心。在收货作业过程中，正确履行验收人员的工作职责。如果需要进行退换货，需要按照退换货作业的注意事项，正确完成退换货作业。

任务 4.2 存货作业管理

【任务目标】

1. 能有效地制定库存管理目标和预警指标。
2. 会进行每周的盘点作业，能正确完成盘点工作。
3. 能有效地制定出各类库存商品的处理办法。

【任务情境】

小陈的便利店目前已经运营一段时间了，商店里的存货越来越多，资金压力也比较大，为了减少存货，降低资金压力，小陈需要完成商品的盘点作业，分析库存商品的特点，制定库存管理目标和预警指标，并且想办法处理库存商品。那么，小陈应该如何盘点商品？库存管理目标和预警指标是什么？如何处理库存商品？

【应知应会】

一、存货商品盘点作业概述

（一）盘点的重要性

盘点是定期或不定期地由人员直接对店内的商品进行全部或者部分清点，以验证账面数量是否正确并切实掌握该期间内实际损耗的管理行为（图4-1）。在日常管理过程中，做好商品盘点工作，具有以下重要意义。

（1）控制存货。存货直接影响到商品的周转率及资金的周转，通过实际的盘点并与账面上的存货对比，经营者可切实掌握门店的实际存货，还可比较盘损盈，为决策做参考。

（2）能计算出该店真实的“成本率”及毛利率，此两项指标是反映店铺运营的关键指标，通过这两个指标能真实掌握店铺经营的实际效益。

图4-1　商品盘点

（二）盘点的目的

（1）全面清查被盘对象的实物库存状况。通过查点实物库存，了解其存放位置及缺货状况，发掘并清除其滞销品、残次品、过期或即将过期品。

（2）全面清查被盘对象实物与账面的对应状况。通过盘点，查对其实物库存数量与账面库存金额的差异；了解其库存水准，清除不良库存；了解其资金占有水准，消除经营风险；了解其销售水准，提升回转率；尽早发现异常和弊端，及时管制漏洞。

（3）据实分析实物与账面之差异原因，提高管理水平。核定盘长盘短的数量及金额，并进行账务处理；核查盘长盘短的原因，认定管理责任；根据盘长盘短的原因，逐环节制订防差错措施；完善作业规范，降低滞销率、差异率和损耗率。

二、盘点作业安排

（一）盘点方法

常见盘点方法如表 4-5 所示，所填库存清单如表 4-6 所示。

表 4-5　门店常见盘点方法

名　称		定　义	适用范围及时间间隔
实物与账面	实物	实际清单存货数量的方法	门店实物盘点
	账面	以书面记录或电脑记录进出账的流动状况而得到期末存货余额或估算成本	由电脑部或财务部进行
区域	全面盘点	特定时间，将店内所有存货区域进行盘点	一年两次或三次
	区域盘点	对店内不同区域进行盘点，一般以类分区	部分区域盘点、抽查
时间段	营业中	盘点时门店仍对外营业	库存区盘点、单品盘点
	营业后	门店在闭店后盘点	销售区域盘点
周期	定期	每次盘点间隔期一致的盘点	全面盘点、区域盘点
	不定期	盘点间隔期不一致的盘点	贵重物品等，或突发事件、人事变动、经营异常等

表4-6　库存清单

________店铺　第________周商品库存清单

商品名称		单　位	数　量	单价（进价）	总　价
合计金额（元）：		店长签名		盘点时间	

经营周期：　　年　　月　日—　　年　　月　　日

应用盘点方法完成盘点后，需要填写好库存清单，为盘点结果处理做好准备。

（二）盘点人员安排的注意事项

（1）店门除留守的人员外，所有人员均应参加年度盘点。

（2）盘点当日应当停止任何休假。

（3）参加盘点的人员应该登记好，必须注明哪些是点数人员、哪些是录入人员。

（4）盘点组长应该对全店的盘点人员进行安排，分为库存区盘点人员和陈列区盘点人员。

（5）盘点小组在每个分区小组的人员安排中，必须明确初点录入人员、点数人员，复点录入人员、点数人员等。

三、盘点差异分析

（一）盘点差异分析表

进行盘点的目的主要就是希望能借由盘点来检验货品的出入库及保管状况，进而了解问题所在。在这次盘点中，实际存量与账面存量的差异是多少？这些差异发生于哪些商品？平均每一差异量对公司损益造成多大影响？为便于分析，可直接将盘点实物数据与账面数据汇总，填入盘点差异分析表，如表 4-7 所示。

表 4-7　盘点差异分析表

<table>
<tr><th rowspan="2">店铺</th><th rowspan="2">类别</th><th rowspan="2">品名规格</th><th rowspan="2">单位</th><th rowspan="2">账面数量</th><th rowspan="2">盘点数量</th><th colspan="2">盘盈</th><th colspan="2">盘亏</th><th>盘亏合计</th><th colspan="2">差异原因</th></tr>
<tr><th>数量</th><th>金额</th><th>数量</th><th>金额</th><th>金额</th><th>说明</th><th>对策</th></tr>
<tr><td></td><td></td><td></td><td></td><td></td><td></td><td></td><td></td><td></td><td></td><td></td><td></td><td></td></tr>
<tr><td></td><td></td><td></td><td></td><td></td><td></td><td></td><td></td><td></td><td></td><td></td><td></td><td></td></tr>
</table>

盘点人：　　　　　　　　　　复核人：　　　　　　　　　　说明：

盘点差异分析主要考虑以下几个方面的内容。

（1）盘点作业是否存在操作不当。

（2）账面管理是否存在不足。

（3）商品本身情况是否发生变化。

（4）盘点差异是否在允许范围之内。

（二）盘点差异产生的原因

（1）记账员素质不高，单据处理不及时、丢失，发生错登、漏登、重复做单。

（2）账务处理系统管理制度和流程不完善，导致货品时间不准。

（3）盘点时发生漏盘、重盘、错盘、赠品作商品盘，标签与实物不符，写错编码现象，导致盘点结果出现错误。

（4）盘点前数据资料未结清，使账面数据不准确，单据与实物不同时（已打单货没有拿走，货已到没有打入库单）。

（5）出入作业时发生误差，多收、少收或多退、收错或退错。

（6）由于盘点人员不尽责导致货物损坏、丢失等后果。

（7）由货物本身的情况而产生的自然损耗，液体货物容器破损而损耗。

四、盘盈、盘亏调整与差异处理

差异原因追查后，应针对主因进行适当的调整与处理，呆废品、不良品减价的部分与盘亏一并处理。

（一）修补改善工作

（1）在盘点中发现的错误，应予以纠正。

（2）如果商品变质、耗损，应详查变质、耗损原因及存储时效，必要时应会同检验部门复验，加强商品的清洁保养。凡损坏者应在发现时立即处理，以防损害扩大，如不能利用者，即当作废弃品处理。

（3）对于盘盈、盘亏的商品，以实际存在数量为依据，审查确定后，即转入盘存整理，准备账户抵消，并更正各有关材料账卡。

（4）对商品加强整理、整顿、清扫、清洁工作。

（5）依据管理绩效，对分管人员进行奖惩。

（二）预防工作

（1）废弃商品比率过大，要研究办法，降低废弃品率。

（2）当商品销售周转率极低，存货金额过大而造成财务负担过重时，应设法减少该商品库存量。

（3）商品短缺率过大时，设法强化销售部门、库存管理部门以及采购部门之间的配合。

（4）门店商品盘点工作完成以后，所发生的差额、错误、变质、呆滞、盘亏、损耗等结果，应分别予以处理，并防止以后再发生。

盘点结束后，主要盘点负责人根据盘点中出现的问题进行汇总，分析差异，总结盘点中的不足，并针对盘点发现的运营问题提出改进措施，出具盘点报告。

【牛刀小试】

在任务情境中，小陈的便利店存货越来越多，资金压力也比较大，为了减少存货，降低资金压力，小陈需要分析库存商品的特点，并想办法减少库存。

由于便利店面积小，又因地理位置多处于繁华地段，高额的房租不允许门店有大量的库存。货架商品的库存量应严格控制在最大库存量以内，这就要求配送中心将配送商品配准、配全，从而保证便利店的商品常进、常新。为了实现门店商品的快速周转，对于配送商品的时效、包装应当仔细检查，以减少不必要的库存。

通常将商品的库存定为 3 天左右，而对于像冰淇淋、速冻食品类商品，供应商一天分早中晚 3 次直接送货到各个门店。

总的来说，便利店的商品要常进、常新，以减少库存，提高商品的周转率。因此，小陈应经常盘点库存，填写库存盘点表（见表 4-8）。

表 4-8　库存盘点表

门店名称：____________商品类别：______________盘点日期：__________

商品名称	单位	期初数量	进货数量	卖出数量	账面数量	实盘	盈亏	进价	盘存金额	是否补货

【任务评价】

学习任务评价表

评 价 项 目	评价关键点	配　分	自 评 分	互 评 分	教师评分
盘点作业	知道常用的盘点方法	10			
	能正确填写库存清单	20			
	能合理安排人员完成盘点作业	20			
盘点差异分析	能完成盘存差异分析表	20			
	能分析盘点差异产生的原因	10			
差异处理	能完成修补改善工作	10			
	能完成预防工作	10			

【同步练习】

一、判断题

（　　）1. 常见的盘点方法可以按周期分成定期盘点和不定期盘点。

(　　) 2. 盘点时门店仍对外营业，可以在销售区域盘点。

(　　) 3. 店门除留守的人员外，所有人员均应参加年度盘点。

(　　) 4. 盘点当日允许有事的员工休假。

(　　) 5. 参加盘点的人员应该登记好，必须注明哪些是点数人员、哪些是录入人员。

(　　) 6. 盘点差异产生的原因，不包括记账员素质不高，单据处理不及时、丢失，发生错登、漏登、重复做单。

(　　) 7. 盘点前数据资料未结清，使账面数据不准确，单据与实物不同时，有可能产生盘点差异。

(　　) 8. 由货物本身的情况而产生的自然损耗、液体货物容器破损而损耗不会产生盘点差异。

(　　) 9. 差异原因追查后，应针对主因进行适当的调整与处理，呆废品、不良品减价的部分与盘亏一并处理。

(　　) 10. 如果商品变质、耗损，应详查变质、耗损原因及存储时效，必要时应会同检验部门复验，加强商品的清洁保养。

(　　) 11. 对于盘盈、盘亏的商品，以账面数量为准。

(　　) 12. 当商品销售周转率极高，存货金额过大而造成财务负担过重时，应设法减少该商品库存量。

二、多项选择题

1. 盘点差异分析主要考虑的内容有（　　　　）。

A. 盘点作业是否存在操作不当　　B. 账面管理是否存在不足

C. 商品本身情况是否发生变化　　D. 盘点差异是否在允许范围之内

2. 盘点的重要性表现在（　　　　）。

A. 控制存货　　B. 计算成本率

C. 计算毛利率　　D. 节省成本

3. 按时间段，盘点方法可以分为（　　　　）。

A. 营业前　　B. 营业中　　C. 营业后　　D. 不定期

4. 属于盘点人员安排的注意事项的有（　　　　）。

A. 门店每一人都要参加年度盘点

B. 盘点开始前要注明哪些是点数人员、哪些是录入人员

C. 盘点组长需要把盘点人员分别安排到库存区和陈列区进行盘点

D. 盘点人员不需要分为录入人员、点数人员等，只要一起盘点就可以

5. 盘点差异产生的原因包括（　　　　）。

A. 单据处理不及时、丢失

B. 盘点时发生漏盘、重盘、错盘

C. 货物本身的情况而产生的自然损耗

D. 盘点前数据资料未结清，使账面数据不准确

三、简答题

1. 盘点的常用方法有哪些?

2. 盘点差异产生的主要原因有哪些?

3. 盘盈、盘亏调整与差异处理的工作主要有哪些?

四、实训题

你作为小陈便利店的合伙人，便利店已经经营一段时间了，为了能更好地控制存货，计算毛利率，你和小陈需要在最近几天完成便利店的盘点工作，请你和小陈一起运用存货作业管理的知识，分工合作完成盘点工作。盘点结束后，出现盘盈或盘亏现象，你们还需要对盘点差异进行分析，总结本次盘点工作，为下一次的进货提供参考。

参考答案 4.2

任务 4.3 理货作业管理

【任务目标】

1. 理解理货员岗位的重要性，知道理货员岗位职责及作业规范。
2. 知道理货员的主要工作内容及注意事项。
3. 能根据理货员岗位的工作流程完成每日的理货工作。

【任务情境】

小陈与朋友合伙开办的便利店已经顺利开张营业。便利店的销售情况不错，但随着经营商品的增多和进货量的增大，店铺中的货物越来越多，商品陈列开始出现混乱的现象，有些顾客反映进店要找很久才可以找到商品，有些陈列的商品则出现过期现象，商品陈列也不够美观，店内的杂物越堆越多。为此，小陈意识到理货工作的重要性。那么，理货员的工作内容有哪些？小陈应该如何履行理货员的岗位职责呢？

【应知应会】

一、理货员岗位职责及作业规范

（一）理货员的重要性

理货员是指在敞开式销售的连锁店内，通过理货活动，依靠商品展示与陈列、POP广告、标价、排面整理、商品补充与调整、环境卫生、购物工具准备等作业活动，与顾客间接或直接地发生联系的工作人员。

理货员的工作看似简单、普通，但他们是与顾客接触最直接的人。他们的一举一动、一言一行无不体现着门店的整体服务质量和服务水平，他们的素质将直接影响到门店的经营和声誉。

（二）理货员的岗位职责

（1）补货，保障库存商品销售供应，及时清理货架、端架和堆头并补充货源，货源不足时及时订货。

（2）先进先出，并检查保质期，按陈列标准码放排面，做到排面清洁、整齐、美观，货架丰满。

（3）保持通道的顺畅，无空卡板、垃圾堆放在产品的陈列区域。

（4）保证每一种商品都有正确的价格牌。

（5）整理仓库，盘点库存，及时退换临期商品和破损商品。

（6）微笑服务，礼貌用语，维系客情。

（三）理货员的作业规范

理货员作业规范主要包括以下四个方面。

1. 待客作业规范

待客作业包括等待顾客，主动接近顾客，倾听顾客意见、建议，与顾客沟通，送客等多项活动。

2. 礼仪服务规范

① 理货员上岗必须按照门店统一规定，身着整洁的制服，并佩戴工号牌。② 营业中，对于顾客的任何询问，应以礼貌的态度，耐心听清之后，给予具体的回答，并能主动使用礼貌用语。

3. 日常作业规范

① 上班时间务必穿着工作服，佩戴工号牌，维持服装仪容整洁。② 上班提前 5 分钟到达工作岗位。③ 服从部门主管的安排和指令，接受指导和监督。④ 严格遵守休息时间。⑤ 爱护门店内一切商品、设备、器具。⑥ 价目卡要如实填写，以免误导顾客。⑦ 上班时间不与他人争吵，不能打架。⑧ 接触商品要轻拿轻放，按规定要求补货上架和陈列商品。

4. 商品整理、货架清洁规范

① 让顾客在挑选商品时有个干净的环境，理货员在巡视时抹布不能离手。② 做好商品的前进陈列，即当第一排商品售出出现空格时，必须将后排商品移到第一排空格处，体现出商品陈列的丰富感。

二、理货员的工作内容

（一）理货员的主要工作

1. 补货

（1）补货要做到先进先出，注意产品保质期。

（2）检查价格牌是否正确，包括DM（促销）商品的价格，商品与价格牌要一一对应。

（3）必须做到及时补货，不得在有库存的情况下出现空货架的现象。

（4）补完货要把卡板及时送回，空纸皮送到指定的清理点。

（5）补货作业期间，不能影响通道顺畅。

2. 理货

（1）货物正面面向顾客，整齐靠外边线码放。

（2）货品与价格卡一一对应。

（3）不补货时，通道上不能堆放库存。

（4）不允许随意更改排面。

（5）破损/拆包货品及时处理。

3. 促进销售，控制损耗

（1）每日定期准确填写进、销、存表，上交上级管理人员。

（2）及时处理临期和破损商品。

（3）落实岗位责任，减少损耗。

4. 价签

（1）按照规范要求打印价格牌，价格牌要整洁、粘贴安放整齐。

（2）价格牌必须放在排面的最左端，缺损的价格牌须即时补上。

5. 清洁

（1）通道要无空卡板、无废纸皮及无相关的物品残留。

（2）货架及商品无灰尘、无污染物。

（二）理货员的辅助工作

1. 服务

（1）补货理货时不可打扰顾客挑选商品。

（2）对不能解决的问题，及时请求帮助或向主管汇报。

2. 物料管理

（1）DM展架、温馨提示牌、促销形象牌等物品要放在指定位置，如需回收，须妥善保管按时回收。

（2）理货员随身携带：笔1支，剪刀1把，抹布1块，卷尺1个，封箱胶、便签若干。

3. 市场调查和促销

（1）按公司要求、上级安排的时间和内容做市场调查，有需要时，配合临时促销活动。

（2）市场调查资料要真实、准确、及时、有针对性。

三、理货员岗位的工作流程和注意事项

（一）理货员的工作流程

理货员的每天工作流程可分为营业前、营业中、营业后三个阶段，每一阶段的工作内容如表 4-9 所示。

表 4-9　理货员岗位工作流程

时　间	作 业 项 目	重 点 工 作
营业前	1. 整理着装	更换工作服，佩戴工牌，整理仪表仪容，进入工作区
	2. 工作分配	部门负责人分配当天日常工作
	3. 卫生	清洁卖场货架、塑料篮、促销台及设备
	4. 商品检查	① 遵循先进先出的原则；② 进行商品检查
	5. 上货	进行上货或补货，整理排面
	6. 商品价牌	部门负责人对商品进行价牌检查，以及商品是否陈列美观、丰满
	7. 迎宾	所有人员站立在货架前端右侧，迎接顾客
营业中	1. 补货	对缺货商品及时补货
	2. 陈列	整理商品陈列，货架商品陈列美观整齐，地堆商品丰满
	3. 清理通道	上货后，及时清理纸箱及包装物，并归放到指定位置
	4. 商品检查	检查商品的生产日期、保质期及库存情况
	5. 清理商品	将残次、破损的商品清出货架，集中存放
	6. 孤儿商品	将巡视中发现的孤儿商品及时归位
	7. 商品安全	防止商品丢失，预防隐患
	8. 顾客服务	为顾客提供咨询，协助不便的顾客购物
营业后	1. 清洁	卖场地面和设备清洁整理
	2. 工具存放	购物车、购物篮等设备归位
	3. 营业日记	对当天营业工作中的问题进行记录
	4. 营业结束	全员停止工作，迎送顾客离开卖场
	5. 闭店后	检查商品陈列、孤儿商品、电源、卫生以及员工出勤情况，列队下班

（二）理货工作的注意事项

（1）理货员根据卖场内的商品销售情况向内仓领取商品时应注意：领货必须凭领货单（表 4-10）或在领货簿上记录商品信息；对内仓管理员提供的商品，必须逐一进行核对。

表4-10 领 货 单

领货部门： 日期： 年 月 日 单号：

序 号	名 称	规 格	数 量	单 位	实发数量	备 注
1						
2						
3						

领货人： 审核： 发货人：

（2）理货员执行标价作业时应注意：标价位置要一致，且不可压住商品说明文字；打标价时要切实核对进货传票及陈列处的牌价卡，同样商品不可有两种价格；标价纸要妥善保管；变价时，调高价格应去除原标签，调低价格则可将新标签压在原标签上。

（3）理货员执行补货上架作业时应注意：随销随补，消灭货架空档，确保满陈列；补货后的废弃物应及时清理，确保地面、通道、货架、商品的整洁；顾客移位的商品应及时复位，由该区域责任人负责；要轻拿轻放，爱护商品，注意商品安全；及时整理牌价卡，确保一货一卡，七标齐全，标价正确；要检查上架商品及架上商品的保质期及其他质量状况，确保上架销售商品的质量可靠。

（4）理货员应热情回答顾客询问，引导顾客到所需购买的商品陈列处。理货员发现顾客有不文明行为（如拆包、饮食、吸烟等）应和善提醒、劝阻、说明，并致谢。

（5）理货员应有防损、防盗意识，但不要轻易断定偷窃行为，必要时可与现场安保人员及时联系。

【牛刀小试】

在任务情境中，小陈的便利店随着进货量的增大，店铺中的货物越来越多，商品陈列开始出现混乱的现象，有些陈列的商品出现过期现象，因此，小陈需要及时完成便利店的理货工作。对于食品，除少数国际性品牌能保持持久畅销外，其他商品需定期检查，不断调整结构。非食品类商品的保存期较长，报废损失的可能性小，门店应及时对重要品项缺货和卖不出去的商品做出快速调整。对于非食品类商品中的必备商品应确保供应数量和品质，注重培养顾客对商店的忠诚度。

为了方便顾客进店后能更容易找到想要的商品，并提高销量，小陈还需要为便利店制定合理的商品陈列策略。

（1）主营商品的陈列。牛奶、面包、蔬菜、水果、粮油制品等日配品，是现代社会人们生活中的必需品，顾客的购买频率较高，销售额和销售量较大，而且也是顾客进行价格比较的重点商品，是价格策略的主要商品，要配置在商店卖场的前端。

（2）收银台通道处的商品陈列。在收银台通道附近陈列休闲类商品，如书刊、电池、口香糖等，这些商品属于随意性较强的商品，往往是不在顾客的采购计划中的，通过这样的陈列，顾客可以在等候收银时随手购买，从而增加商店的销售额。

（3）端头货架的商品陈列。端头货架是卖场中顾客接触频率最高的地方，顾客无论进出都要经过端头货架，特别是其中一头又正对着入口，因此这里配置的商品要能够刺激顾客、留住顾客，如特价商品、促销商品、新产品、换季商品、高利润商品等。

（4）通道货架的商品陈列。通道货架的商品陈列，要重视商品系列的互补性，实行配套陈列，特别是不同货架通道的转换和食品区通道与百货区通道的转换，要注意商品的延续性。例如，调味品与粮油制品、儿童用品/文具与儿童食品、厨房用品与速食品等。

（5）卖场后端的商品陈列。便利店卖场最后端的商品陈列，负有引导顾客走向卖场最里面的责任。一般来讲，用保鲜柜来陈列新鲜食品最为合适，而且要采用倾斜陈列的方式，使顾客的视线能够尽可能多地接触到商品。

【任务评价】

学习任务评价表

评价项目	评价关键点	配分	自评分	互评分	教师评分
岗位职责及作业规范	理解理货员岗位的重要性	10			
	能说出理货员的岗位职责	10			
	能说出理货员的作业规范	10			
工作内容	知道理货员的工作内容	20			
工作流程	知道理货员每日的工作流程	20			
	能说出理货员工作的注意事项	10			
	能按顺序完成每日工作	20			

【同步练习】

一、判断题

（　　）1. 理货员的一举一动、一言一行无不体现着门店的整体服务质量和服务水平，他们的素质将直接影响到门店的经营和声誉。

（　　）2. 理货员的岗位职责不包括检查每一种商品都有正确的价格牌。

（　　）3. 理货员的岗位职责包括：整理仓库，盘点库存，及时退换临期商品和破损商品。

（　　）4. 理货员上班时间务必穿着工作服，佩戴工号牌，维持服装仪容整洁。

（　　）5. 理货员的日常作业规范包括接触商品要轻拿轻放，按规定要求补货上架和商品陈列。

（　　）6. 理货员需要做好商品的前进陈列，即当第一排商品售出出现空格时，必须将后排商品移到第一排空格处，体现出商品陈列的丰富感。

（　　）7. 理货员补货作业期间，可以影响通道顺畅。

（　　）8. 理货员理货时发现破损/拆包货物需要及时处理。

（　　）9. 补货要做到先进先出，注意产品保质期。

（　　）10. 理货员发现顾客有不文明行为（如拆包、饮食、吸烟等）不需要和善提醒、劝阻、说明，并致谢。

二、多项选择题

1. 理货员的岗位职责包括（　　　）。

A. 补货　　B. 检查价格牌

C. 盘点库存　　D. 服务顾客

2. 理货员的作业规范包括（　　　）。

A. 待客作业规范　　B. 礼仪服务规范

C. 日常作业规范　　D. 商品整理、货架清洁规范

3. 理货员的主要工作内容包括（　　　）。

A. 补货和理货　　B. 管理价签

C. 促进销售，控制损耗　　D. 清洁

4. 理货员的辅助工作内容包括（　　　）。

A. 服务　　B. 商品陈列

C. 物料管理　　D. 市场调查和促销

5. 属于理货员执行补货上架作业时的注意事项的有（　　　）。

A. 随销随补　　B. 消灭货架空档

C. 确保满陈列　　D. 关门后再补货上架

三、简答题

1. 理货员的岗位职责主要有哪些?

2. 理货员的工作规范是什么?

3. 理货员的工作内容有哪些?

4. 简述理货员岗位的工作流程。

四、实训题

参考答案 4.3

你的便利店已经顺利开张。门店的销售情况不错，但随着经营商品的增多和进货量的增大，店铺中的货物越来越多，商品陈列开始出现混乱的现象，有些顾客反映进店要找很久才可以找到商品，有些陈列的商品则出现过期现象，商品陈列也不够美观，店内的杂物越堆越多。为此，请你和你的合伙人列出理货员的工作内容，并且根据理货员岗位职责要求和岗位工作流程完成理货员的工作。

任务4.4 商品价格管理

【任务目标】

1. 理解商品价格策略的重要性。
2. 知道商品的定价方法和商品的价格促销策略。
3. 能根据商品定价的知识为门店商品进行合理的定价。

【任务情境】

小陈与朋友合伙开办的便利店为了能在月底按时开店营业，需要为店内的商品确定价格。那么，小陈可以利用什么方法进行商品定价呢？如果小陈要准备一项开业促销活动，促销商品的价格又该如何制定？

【应知应会】

在每一家店铺经营管理者面前，都存在着一个错综复杂的价格世界。价格是卖场魅力来源之一，它在吸引顾客、加强商店竞争优势、塑造良好的卖场形象等方面，有着不容低估的作用。价格是商店竞争的重要手段，商店一旦在价格策略上失误，会给商品竞争力、商店盈利能力及活力带来直接的负面影响。在令人眼花缭乱的价格世界里，为自己的商品选择合适的定价策略是非常重要的。

一、商品的定价方法

（一）成本导向定价法

在正常经营的情况下，最常见的是成本导向定价方法，即按商品单位采购成本加上一定比例的毛利，定出零售价，公式为

商品售价=单位商品采购成本×(1+成本加成率)

成本导向定价法的零售价格是在出厂价或批发价格的基础上，加上运输费、商品损耗、

零售税金、资金利息、经营管理费及零售利润等而形成。成本加成率依商店及所经营商品的种类不同而存在很大的差异，我国百货商店的成本加成率一般在 18%～40%。

成本导向定价法计算简单易行，在正常情况下，按此方法定价可以使商店计算出预期利润，但它忽视了市场竞争及供求状况对价格的影响，缺乏灵活性，难以适应市场需求及竞争的快速变化。这种定价方法一般只在卖方市场下使用。

（二）竞争导向定价法

竞争导向定价法是以竞争者的价格来作为制定门店商品价格主要依据的一种方法。采用这种定价方法，门店的商品价格可以与竞争者价格的平均水平完全一致，也可能高于或低于竞争者平均价格水平，且商品价格随竞争者价格的调整而做出相应的变动。为了适应竞争的需要，门店应将自身的信誉声望、购物环境状况、服务质量、经营商品的种类结构等方面与竞争对手相比较，确定本门店的经营特色、优劣势，对各类商品分别定价。

通常，那些信誉好、购物环境优雅、商品齐全、服务周到，或经营一些名优特产独具经营特色的门店，同类商品或同种商品的价格可适当比其他商店定得高些。而对于大多数特色平平的门店，则应随行就市，与竞争者商品价格平均水平保持一致，也即采用通行价格定价法。通行价格定价法是竞争导向定价法中广为流传的一种，所定价格在人们观念中常被认为是“合理价格”而易被顾客接受。同时，这种定价法能协调门店与竞争者之间的关系，避免激烈竞争所带来的风险，使门店获得适度合理的盈利。对于那些品种不全、服务措施少、购物环境简陋的门店，商品的价格应低于其他商店的价格，以弥补自身的不足，通过低价来树立特色，招徕顾客。

（三）需求导向定价法

需求导向定价法是根据顾客对商品价值的理解及顾客需求变化进行定价的一种方法，是伴随市场营销观念而产生的定价方法。价格是否合理最终取决于顾客的判定。在此意义上，价格是商店为顾客所提供的一种选择，只有这些选择与顾客的价格心理、价格意识、承受能力相一致时，价格才能成为促进顾客购买及再购买的有效刺激手段。

通常，顾客对商品价值感知度高、需求强度大，价格可定得高一些；而那些顾客感知度低、需求不那么迫切的商品，价格可定得低一些，具体情况将在下面详细分析。

二、商品的价格促销策略

价格也是一种灵活的促销手段，定价是一种科学性与艺术性相结合的过程。门店应根据具体场合下的顾客心理、销售条件、销售数量及销售方式，灵活选用定价方式，变动商品价格。

（一）心理定价策略

心理定价策略依据价格对顾客心理的微妙影响来确定价格，通过价格来引导顾客的购物心理，促使顾客产生便宜感、合理感或者自豪荣耀感，从而满足顾客的求廉、求实或求名心理，刺激顾客的购物行为，它主要有以下几种情况。

1. 整数定价法

整数定价法是指企业有意识地把商品的销售价格定为整数而不留尾数的定价方法。比如将价格定为100元，而非99元或99.9元。对于一些礼品、工艺品及其他高档商品制定整数价，可使商品愈显高贵，满足部分顾客的高消费心理；对方便食品、快餐以及人口流量多的地方的商品制定整数定价，能便利交易，满足顾客的惜时心理；同时，整数价格便于记忆，有利于加深顾客对商品的印象。

2. 尾数定价法

尾数定价法与整数定价法相对应，适合一般生活消费品的定价，一方面给人以便宜感；另一方面又用标价精确而给人以信赖感，满足了顾客的求实心理。对需求价格弹性强的商品，尾数定价常可带来需求量大幅度上升。

零售价格的尾数究竟定在哪个数上比较合适呢？一些有经验的商品经销人员认为尾数定在“7”比较容易为顾客所接受。而时下以“8”为尾数的标价，迎合了顾客图吉利的心理，受到顾客的欢迎。

3. 高位定价法

根据顾客按价论质心理及求名心理，门店可适当提高那些质量差异不易察觉、价格需求弹性较低、能显示身份地位的商品（如服装、首饰、礼品等）的价格及名品、新产品或稀有商品的价格；而那些声望高的门店也可将其零售价格定得高些。这样不仅能起到促销的作用，而且能进一步提升商品或门店的形象。

4. 习惯定价法

日常消费品的价格，通常易于在消费者心目中形成一种习惯性价格标准，符合其标准的价格易被顺利接受，而偏离其标准的价格易引起疑虑。高于习惯价格被顾客认为是不合理的涨价，低于习惯价格则又让顾客怀疑是否货真价实。习惯价格一般难以改变，因此这类商品要力求稳定，避免因价格波动带来不必要的损失。比如，面临通货膨胀，各家门店纷纷涨价的情况，门店如能通过降低经营费用，反其道而行，保持价格稳定，一定能获得良好的经济效益，塑造良好的形象。对受习惯性价格支配的商品，当迫不得已要变价时，可通过改换包装、重量或品牌等措施，避开顾客对新价格的抵触心理，引导顾客适应新的价格。

5. 统一定价法

生活日用品中，对不同款式、花色的商品甚至价值相近的不同种商品，采用统一价格能给顾客以便宜感，同时也能方便顾客选购付款，便利交易。

某商业街开了一家杂货店，门口张贴着“不用问价钱，全部 5 元”的广告，通过薄利多销使经营业务蒸蒸日上。

6. 系列定价法

针对顾客“价比三家”的心理，将属同类产品但原料、款式、花样存在一定差异的商品有意识地分档拉开，形成价格系列。顾客在价格比较中能迅速找到自己习惯的档次，得到“选购”的满足。比如化妆品等非生活基本用品就可采用系列定价法。系列定价一般与统一定价结合起来使用。

（二）折扣定价策略

对于食盐、大米、洗衣粉等日用消费品，顾客的价格标准较低，价格需求弹性大，也即顾客对价格变动的敏感性高。所以以日用品为主的商店采取薄利多销的策略，在适当场合、时间折价销售此类商品，能达到平衡供求、扩大销售的效果（图 4-2）。

图 4-2 商品折扣定价

折扣定价策略可分为以下几种。

（1）现金折扣：是对及时付清账款的购买者的一种价格折扣。例如“2/10，净 30”，表示付款期是 30 天，如果在成交后 10 天内付款，给予 2%的现金折扣；在 30 天内支付全部金额。许多行业习惯采用此法以加速资金周转，减少收账费用和坏账。

（2）数量折扣：是企业给那些大量购买某种产品的顾客的一种折扣，以鼓励顾客购买更多的货物。大量购买能使企业降低生产、销售等环节的成本费用。例如，顾客购买某种商品 100 单位以下，每单位 10 元；购买 100 单位以上，每单位 9 元。

（3）职能折扣：也叫贸易折扣，是制造商给予中间商的一种额外折扣，使中间商可以获得低于目录价格的价格。

（4）季节折扣：是企业鼓励顾客淡季购买的一种减让，使企业的生产和销售一年四季能保持相对稳定。

（5）推广津贴：为扩大产品销路，生产企业向中间商提供促销津贴。如零售商为企业产品刊登广告或设立橱窗，生产企业除负担部分广告费外，还在产品价格上给予一定优惠。

某服装店采用了一种折扣方法，颇为成功。其折扣方法是：第一天打九折，第二天打八折，第五、六天打六折，以此类推，第十五、十六天打一折。开始一两天，顾客多半来看热闹，第三、四天人渐渐多起来，第五、六天，顾客像洪水般拥向柜台争购，以后连日爆满，没等到一折售货日，商品早已售完。

（三）需求差异定价策略

1. 因地点而异

比如一听同样的饮料，在杂货店售 5 元左右，在娱乐场所的饮料厅中可售 7 元，而在高级饭店中可售 10 元，同样能为顾客接受。

2. 因时间而异

依据销售高峰期、低潮期、旺季、淡季的需求差异制定不同价格。旺季及高峰期可将价格定得高些，而在淡季及低潮期可定得低些。

3. 因顾客而异

不同的顾客因职业、阶层、年龄等方面的差异而有不同的需求，商店在定价时给予一些顾客（如学生）一定的优惠，可获得良好的促销效果。

4. 招徕定价法

针对顾客的求廉心理，有意将一种或几种商品价格大幅度降低，以吸引人们来本店购买商品，带动其他商品的销售。

有些超级市场经常推出一些令人注目的“明星商品”，比其他商店便宜得多。虽然这些超市在这几种商品中只有微利或无利甚至亏损，但对于其他千百种商品中却扩大了销售额，使生意蒸蒸日上。

在某连锁店，当蓝灯在某一货架上闪烁时，就表明那里有减价商品出售。这种现象每天只发生几次，每次不超过 15 分钟，减价商品就售完。顾客对此很感兴趣。因此，店里每天都拥有很多顾客。采用这一方法出售的降价商品，一般只限于小食品、卫生用品等价格不高的日用品。凭着这一招徕顾客的策略，该连锁店各种商品的销售额普遍较高。

某百货公司采用限时拍卖法，每天把数种商品在特定时间内以最低价格出售。由于时间安排在原来顾客最少的时候，这样则不仅使客流量得以均衡，而且使总客流量增加。

需要提醒注意的是，在定价时千万不可违反《反不正当竞争法》等有关法令规章，否则会给门店经营带来不必要的损失和麻烦，甚至令门店陷入困境。

【牛刀小试】

在任务情境中，小陈的便利店为了吸引顾客、加强商店竞争优势、塑造良好的形象，他需要合理运用价格策略，为便利店的商品确定合适的价格。由于便利店无论是商品种类或是价格都无法跟其他大型超市竞争，便利店的商品品项有限，且客户有目的购买占绝大多数，因此便利店不能采取价格竞争的策略。便利店在商品定价时应注意以下几点。

（1）商品定价不要明显高于周边店面价格。市场经济中，价格是影响供需关系的重要因素。城市居住区周边商店较多，如果商品价格尤其是日用品定价明显高于周边超市的价格，会造成客源流失。因此社区便利店商品的价格和超市不要相差太大，另外敏感商品价格要接近超市，其他的则可高于超市 5%甚至更高。

（2）灵活使用定价策略。可以对高档奢侈品、中档消费品以及日用商品分类定价，采取不同的定价方式，如奢侈品可以适当上浮，日用品与周边市场持平或略低，这样既可以赢得顾客，也可以获取利润。

（3）多开展节假日的让利活动。各便利店都应结合一些节日，如教师节、妇女节、儿童节，以及我国传统节日来开展营销活动，有针对性地对部分商品进行让利促销，扩大销售额。填写商品价格调整单（见表 4-11）。

表 4-11　商品价格调整单

<table>
<tr><td colspan="2" rowspan="4">调价类型
（在□内打√）</td><td colspan="4" rowspan="2">□进价调价</td><td colspan="4">□正常进价调价</td><td colspan="6">正常进价执行时间：</td></tr>
<tr><td colspan="4">□特价进价调价</td><td colspan="6">特价进价执行时间：</td></tr>
<tr><td colspan="4" rowspan="2">□售价调价</td><td colspan="4">□正常售价调价</td><td colspan="6">正常售价执行时间：</td></tr>
<tr><td colspan="4">□特价售价调价</td><td colspan="6">正常售价执行时间：</td></tr>
<tr><td rowspan="2">商品编码</td><td rowspan="2">商品名称</td><td rowspan="2">规格</td><td rowspan="2">单位</td><td rowspan="2">库存数量</td><td colspan="3">更　改　前</td><td colspan="3">更　改　后</td><td rowspan="2">进价差（单价）</td><td rowspan="2">库存补差金额</td><td rowspan="2">供应商编号</td><td rowspan="2">变价原因</td><td rowspan="2">备注</td></tr>
<tr><td>进价</td><td>售价</td><td>毛利率</td><td>进价</td><td>售价</td><td>毛利率</td></tr>
<tr><td></td><td></td><td></td><td></td><td></td><td></td><td></td><td></td><td></td><td></td><td></td><td></td><td></td><td></td><td></td><td></td></tr>
<tr><td></td><td></td><td></td><td></td><td></td><td></td><td></td><td></td><td></td><td></td><td></td><td></td><td></td><td></td><td></td><td></td></tr>
<tr><td></td><td></td><td></td><td></td><td></td><td></td><td></td><td></td><td></td><td></td><td></td><td></td><td></td><td></td><td></td><td></td></tr>
<tr><td></td><td></td><td></td><td></td><td></td><td></td><td></td><td></td><td></td><td></td><td></td><td></td><td></td><td></td><td></td><td></td></tr>
<tr><td></td><td></td><td></td><td></td><td></td><td></td><td></td><td></td><td></td><td></td><td></td><td></td><td></td><td></td><td></td><td></td></tr>
<tr><td></td><td></td><td></td><td></td><td></td><td></td><td></td><td></td><td></td><td></td><td></td><td></td><td></td><td></td><td></td><td></td></tr>
<tr><td></td><td></td><td></td><td></td><td></td><td></td><td></td><td></td><td></td><td></td><td></td><td></td><td></td><td></td><td></td><td></td></tr>
</table>

【任务评价】

学习任务评价表

评价项目	评价关键点	配分	自评分	互评分	教师评分
商品定价方法	知道成本导向定价法的内容和适用条件	10			
	知道竞争导向定价法的内容和适用条件	10			
	知道需求导向定价法的内容和适用条件	10			
	能灵活选用商品定价的方法进行定价	20			
商品的价格促销策略	知道心理定价策略的内容及每种方法的优缺点	10			
	知道折扣定价策略的内容及每种方法的优缺点	10			
	知道需求差异定价策略的内容及每种方法的优缺点	10			
	能灵活使用商品的价格促销策略完成促销商品定价的工作	20			

【同步练习】

一、判断题

(　　) 1. 价格是商店竞争的重要手段，商店一旦在价格策略上失误，会给商品竞争力、商店盈利能力及活力带来直接的负面影响。

(　　) 2. 成本导向定价法一般只在买方市场下才能使用。

(　　) 3. 竞争导向定价法是使商店的商品价格与竞争者价格的平均水平保持一致，不可高于或低于竞争者平均价格水平。

(　　) 4. 对于那些品种不全、服务措施少、购物环境简陋的商店，如仓储店，商品的价格应低于其他商店的价格，以弥补自身的不足，通过低价来树立特色，招徕顾客。

(　　) 5. 顾客对商品价值感知度高、需求强度大，价格可定得低一些。

(　　) 6. 对于高档商品制定整数价，可使商品愈显高贵，满足部分顾客的高消费心理。

(　　) 7. 对方便食品、快餐以及人口流量多的地方的商品制定整数定价，能便利交易，满足顾客的惜时心理。

(　　) 8. 日常消费品适合使用习惯定价法。

（ ）9. 对受习惯性价格支配的商品，当迫不得已要变价时，可通过改换包装、重量或品牌等措施，避开顾客对新价格的抵触心理，引导顾客适应新的价格。

（ ）10. 对于生活日用品，对不同款式，花色的商品甚至价值相近的不同种商品，采用统一价格能给顾客以便宜感，同时也能方便顾客选购付款，便利交易。

（ ）11. 由于日用消费品价格需求弹性大，也即顾客对价格变动的敏感性高，因此以日用品为主的商店采取薄利多销的策略。

（ ）12. 不管使用何种方法或策略进行定价，都不能违反《反不正当竞争法》等有关法令。

二、单项选择题

1. 我国百货商店的成本加成率一般是（ ）。

A. 10%以下　　B. 10%~18%　　C. 18%~40%　　D. 40%~50%

2. 商店定价方法中的（ ）可以使商店获得预期利润，但它忽视了市场竞争及供求状况对价格的影响，缺乏灵活性，难以适应市场需求及竞争变化。

A. 成本导向定价法　　B. 需求导向定价法

C. 竞争导向定价法　　D. 整数定价法

3.（ ）适合一般生活消费品的定价，一方面给人以便宜感，另一方面又用标价精确而给人以信赖感，满足了顾客的求实心理。

A. 整数定价法　　B. 习惯定价法

C. 尾数定价法　　D. 统一定价法

4.（ ）是根据顾客按价论质心理及求名心理来制定的。

A. 高位定价法　　B. 习惯定价法

C. 尾数定价法　　D. 成本导向定价法

5.（ ）是针对顾客的求廉心理，有意将一种或几种商品价格大幅度降低，以吸引人们来本店购买商品，带动其他商品的销售。

A. 习惯定价法　　B. 招徕定价法

C. 尾数定价法　　D. 系列定价法

三、简答题

1. 商品定价方法有哪些？

2. 商品的价格促销策略包括哪些策略？

3. 心理定价策略包括哪几种？

4. 需求差异定价策略包括哪几种？

四、实训题

你的水果店已经顺利完成注册、命名、进货等开业准备工作（图4-3）。为了能在月底按时开店营业，你需要为店内的商品确定价格。针对店里的每一种水果，你可以采用哪些定价策略？为了准备开业促销活动，你应该怎样制定促销商品价格？

图4-3 水果店

参考答案4.4

项目 5

销售管理

项目概述

销售管理是门店运营过程中最核心的工作，也是决定门店经营成败的关键，关系到门店的生死存亡。本项目共有五个学习任务，包括促销活动策划、推销技巧、销售任务管理、处理突发事件。通过本项目的学习和训练，帮助学生在具体的门店销售岗位上工作时，能够做到得心应手。

任务 5.1 促销活动策划

【任务目标】

1. 掌握促销方案的构成要素。
2. 会设计促销方案。

【任务情境】

小李的妇婴用品店经营有一段时间，恰逢一年一度的元旦。小李请同学们为该店设计促销活动方案，烘托节日气氛，以提高销售量。

【应知应会】

一、促销目的

一次成功的促销必须有明确的促销目的，否则可能是促销活动搞得轰轰烈烈，结果却收效甚微。商家开展促销活动的目的主要有以下几种。

（1）鼓励顾客大量购买，迅速提升门店整体销售量。

（2）给顾客带来新鲜感，加深对某商品品牌的印象。

（3）争取潜在顾客尝试购买，使顾客尽快熟悉商品，促进商品（新品）的销售。

（4）提升品牌形象。

（5）老品、积压品清库，减少库存。

（6）吸引竞争对手的顾客改变既有的消费习惯，成为自家门店的顾客，提高市场占有率。

二、促销对象

促销活动针对的是目标市场的每一个人还是某一特定群体？活动控制在多大范围？哪些人是促销的主要目标？哪些人是促销的次要目标？这些选择的正确与否会直接影响到促销的最终效果。

三、促销主题

在这一部分，主要解决以下两个问题。

（1）确定促销主题。

（2）包装促销主题。

促销主题包括降价、价格折扣、赠品、抽奖、发礼券、服务促销、演示促销、消费信用，等等，如图5-1所示。选择什么样的促销主题，要考虑到活动的目标、竞争条件和环境及促销的费用预算和分配。

在确定了主题之后要尽可能艺术化地宣传促销，淡化促销的商业目的，使活动更接近于消费者，更能打动消费者。

图 5-1　促销主题

这一部分是促销活动方案的核心部分，应该力求创新，使活动具有震撼力和排他性。

四、促销方式

这一部分主要阐述促销活动开展的具体方式。有两个问题要重点考虑。

（1）确定伙伴：是厂家单独行动，还是和经销商联手？或是与其他厂家联合促销？和经销商或其他厂家联合可整合资源，降低费用及风险。

（2）确定刺激程度：要使促销取得成功，必须使活动具有刺激性，能刺激目标对象参与。刺激程度越高，促进销售的反应越大。但这种刺激也存在边际效应。因此必须根据促销实践进行分析和总结，并结合客观市场环境确定适当的刺激程度和相应的费用投入。

五、促销时间

促销活动的时间和地点选择得当会事半功倍，选择不当则会事与愿违。在时间上尽量让消费者有空闲参与，在地点上也要让消费者方便，而且要事前与城管、市场监督等部门沟通好。不仅开展促销的时机和地点很重要，而且持续多长时间效果会最好也要深入分析。持续时间过短会导致在这一时间内无法实现重复购买，很多应获得的利益不能实现；持续时间过长，又会导致费用过高而且难以形成市场热度，并降低顾客心目中的身价。

六、配合方式

一个成功的促销活动，需要全方位的广告配合。选择什么样的广告创意及表现手法？选择什么样的媒介炒作？这些都意味着不同的受众抵达率和费用投入。

七、前期准备

前期准备分以下三方面。

（1）人员安排。在人员安排方面要“人人有事做，事事有人管”，无空白点，也无交叉点。谁负责与媒体的沟通？谁负责文案写作？谁负责现场管理？谁负责礼品发放？谁负责顾客投诉？各个环节都要考虑清楚，否则就会临阵出麻烦，顾此失彼。

（2）物资准备。在物资准备方面，要事无巨细，大到车辆，小到螺丝钉，都要罗列出来，然后按单清点，确保万无一失，否则将会导致现场的忙乱。

（3）试验方案。由于活动方案是在经验的基础上确定的，因此有必要进行必要的试验来判断促销工具的选择是否正确，刺激程度是否合适，现有的途径是否理想。试验方式可以是询问消费者、填调查表或在特定的区域试行方案等。

八、中期操作

中期操作的重点是活动纪律和现场控制。

纪律是战斗力的保证，是方案得到完美执行的先决条件，在方案中应对参与活动人员做出细致的纪律规定。

现场控制主要是把各个环节安排清楚，要做到忙而不乱、有条有理。

同时，在实施方案过程中，应及时对促销范围、强度、额度和重点进行调整，保持对促销方案的控制。

九、后期延续

后期延续主要是媒体宣传的问题，对这次活动将采取何种方式在哪些媒体进行后续宣传？有的企业在这方面很有策略，即使一个不太成功的促销活动也会在媒体上炒得盛况空前。

十、费用预算

对促销活动的费用投入和产出应做出预算。有的促销活动以失败告终的原因就在于没有在费用方面进行预算，直到活动开展后，才发现这个计划根本没有财力支撑。一个好的促销活动，仅靠一个好的点子是不够的。

十一、意外防范

每次活动都有可能出现一些意外。比如消费者的投诉，甚至天气突变导致户外的促销活动无法继续进行等。必须对各种可能出现的意外情况做必要的人力、物力、财力方面的准备。

十二、效果预估

预测这次促销活动会达到什么样的效果，以利于活动结束后与实际情况进行比较，从刺激程度、促销时机、促销媒介等各方面总结成功点和失败点。

【牛刀小试】

根据任务情境，小李请同学们为他的妇婴用品店设计促销活动方案，烘托节日气氛。

1. 我们印象当中的促销是什么样子？列举你见过的促销活动。

2. 促销方案的内容有哪些？

3. 完成下面任务单（见表 5-1），为妇婴用品店设计促销方案。

表 5-1 妇婴用品店促销活动方案

任务名称		学　时		班　级			
学生姓名		学生学号		组　别		任务成绩	
任务内容	各小组在调研的基础上，进行主题促销活动方案设计。包括确定促销目标、设计促销活动主题、制订促销活动方案、促销活动传播计划及活动费用预算						
任务目的	在掌握主题促销活动策划流程、方法的基础上明确促销活动各要素，完成促销活动方案的制订						

续表

<table>
<tr><td>任务名称</td><td></td><td>学　时</td><td></td><td>班　级</td><td></td><td></td><td></td></tr>
<tr><td>学生姓名</td><td></td><td>学生学号</td><td></td><td>组　别</td><td></td><td>任务成绩</td><td></td></tr>
<tr><td>明确任务
获取信息</td><td colspan="7">1. 阅读任务单，明确任务内容和任务目标
2. 阅读教材本任务“应知应会”部分，学习相关理论知识
3. 通过图书馆书籍、网络，收集主题促销活动的相关案例，分析案例的成功之处，学习主题设计、方案设计的方法
4. 与教师进行交流沟通</td></tr>
<tr><td>决策与计划</td><td colspan="7">1. 活动计划

2. 小组人员分工

3. 所需要的学习工具和资料

</td></tr>
<tr><td rowspan="4">实施</td><td>主题互动
方案设计</td><td colspan="6">主题促销活动方案概要

</td></tr>
<tr><td>活动概述</td><td colspan="6">名称______
时间______
地点______
组织者______
赞助者______</td></tr>
<tr><td>活动目标</td><td colspan="6">目标受众______

目标受众描述______</td></tr>
<tr><td>活动主题</td><td colspan="6">活动主题名称______

主题意义阐释______</td></tr>
</table>

续表

<table>
<tr><td>任务名称</td><td></td><td>学　　时</td><td></td><td>班　　级</td><td></td><td></td><td></td></tr>
<tr><td>学生姓名</td><td></td><td>学生学号</td><td></td><td>组　　别</td><td></td><td>任务成绩</td><td></td></tr>
<tr><td rowspan="5">实施</td><td rowspan="4">活动方案</td><td colspan="6">活动具体内容设计________________</td></tr>
<tr><td colspan="6">活动现场布置说明________________</td></tr>
<tr><td colspan="6">活动中产品展示时间________________
产品展示方式________________</td></tr>
<tr><td colspan="6">活动宣传
1. 广告、DM 等________________
2. 新闻报道________________
3. 媒体单位________________
4. 报道主题________________</td></tr>
<tr><td>活动预算</td><td colspan="6"></td></tr>
<tr><td rowspan="3">评价</td><td>小组自评</td><td colspan="6"></td></tr>
<tr><td>小组互评</td><td colspan="6"></td></tr>
<tr><td>教师评价</td><td colspan="6"></td></tr>
</table>

【任务评价】

任务学习评价表

评价任务	评价关键点	配　分	自评分	互评分	教师评分
促销方案结构	是否完整	10			
目的明确	是否明确	20			
促销对象	是否清晰	20			
促销方式	是否多样、得当	30			
可行性	可行性强	20			

【同步练习】

一、填空题

1. 正确选择________与否，将会直接影响到促销的最终效果。

2. 鼓励顾客大量购买，迅速提升卖场整体销售量，属于________。

3. “约惠春天”属于促销方案的________。

4. 在确定了主题之后要尽可能艺术化地宣传促销，是对________进行包装。

二、多项选择题

1. 属于促销目的的有（　　）。

A. 给顾客带来新鲜感，加深对某商品品牌的印象

B. 争取潜在顾客尝试购买，使顾客尽快熟悉商品，促进商品（新品）的销售

C. 提升品牌形象

D. 鼓励顾客大量购买，迅速提升卖场整体销售量

2. 促销方案的前期准备工作包括（　　）。

A. 人员安排　　B. 物资准备

C. 试验方案　　D. 现场控制

三、判断题

（　　）1. 促销必须使活动具有刺激力，能刺激目标对象参与，刺激程度越高，促进销售的反应越大。

（　　）2. 促销活动的时间和地点选择得当会事半功倍。

（　　）3. 促销持续时间过长，又会导致费用过高而且难以形成市场热度，并降低顾客心目中的身价。

（　　）4. 每次活动都有可能出现一些意外，必须对各个可能出现的意外情况做必要的人力、物力、财力方面的准备。

（　　）5. 在人员安排方面要“人人有事做，事事有人管”，无空白点，也无交叉点。

四、实训题

请为某大型综合超市策划端午节促销方案。

参考答案 5.1

任务 5.2 推销技巧

【任务目标】

1. 掌握接近顾客的最佳时机。
2. 掌握接近顾客的方法。
3. 掌握 FABE 法则。

【任务情境】

如果你是一家妇婴用品店的导购员，看到一家三口进店，小孩子在前面叽叽喳喳一蹦一跳地跑着，夫妻俩在后面紧跟，你怎么上前接近，进而推销产品？

【应知应会】

接近顾客是店铺销售的一个重要步骤，也是一个很有技巧的工作，如果接近顾客的方式不当或是时机不对，可能起不到欢迎顾客的作用，还可能会将你的顾客吓跑；相反，如果处理得好，给顾客留下了良好的第一印象，这对于接下来进一步了解顾客需求、拉近心理距离和促成销售则大有帮助。

一、接近顾客的基本原则

（一）“三米”原则

每个人都希望受人欢迎，因此我们在顾客还没有走进门店的时候，就要以职业的微笑向顾客致意，和顾客打招呼，这是欢迎顾客的基本要求。零售企业有一个“三米”原则，就是说在顾客离自己还有三米远的时候就可以和顾客打招呼了。

（二）“欢迎光临”原则

时下有很多导购喜欢用“请随便看看”代替“欢迎光临”。殊不知这种“欢迎语”正好给顾客灌输了一种“看看就走”的潜意识，因为“随便看看”就是没有购买的打算，逛逛就走。试验表明，当你一觉醒来，如果你对自己说“我今天的心情很好，我很快乐，你会有快乐的一天，这就是人的潜意识。因此，如果你也习惯对顾客说“随便看看”，请立即更正你的说法。因为一句面带微笑的“欢迎光临”是你欢迎顾客最好的表达。

（三）不要过分热情

有时候，我们也会碰到一些过分热情的导购，他们老远就会和你打招呼，当你走近他的柜台，他更是尾随而至，寸步不离，并且喋喋不休地介绍他们的产品如何如何。这种不了解顾客性格和需求的过分热情也是不可取的。首先，你所介绍的产品未必是顾客感兴趣的产品，其次，有很多顾客喜欢有一种宽松自由的购物环境，不分青红皂白地介绍会让他们感到一种无形的压力而趁早“逃之夭夭”，摆脱你的纠缠。事实上，他们只希望当他需要你介绍和帮助的时候，你能够及时出现。

二、接近顾客的最佳时机

和顾客打招呼是表示对顾客的欢迎和尊重，但招呼过后并不一定是接近顾客的最好时机，有些顾客不喜欢导购跟在身后介绍产品，他们认为这是一种干扰，因此面对这种顾客最好不要过多地干扰，否则会影响他们购物的兴致。当然，让顾客自由地挑选商品并不意味着对顾客不理睬，关键是你需要与顾客保持恰当的距离，用目光跟随顾客，观察顾客。当顾客有以下动作或表情时就是你立即上前接近顾客的最佳时机。

（1）当顾客看着某件商品时（他对本商品有兴趣）；

（2）当顾客仔细打量某件商品时（顾客对产品一定有需求，是有备而来的）；

（3）当顾客翻找标签和价格时（他已产生兴趣，想知道商品的品牌和价格）；

（4）当顾客看着商品又抬起头时（他在寻找导购的帮助）；

（5）当顾客表现出在寻找某件商品时（你可以主动询问是否需要帮助）；

（6）当顾客再次走进你的柜台时（货比三家之后，觉得刚才看过的商品不错）；

（7）当顾客与导购的眼神相碰撞时（自然地招呼顾客，寻问是否需要帮助）；

（8）当顾客主动提问时（顾客需要你的帮助或是介绍）；

（9）当顾客突然停下脚步时（看到了自己感兴趣的商品）。

三、接近顾客的方式

接近顾客可以根据具体的情形，采取不同的方式，但一般来说常用的接近顾客方式有以下几种。

（一）提问接近法

当顾客走向柜台时，根据顾客的视线和关注点，以简单的提问方式打开话局，例如：

"你好，有什么可以帮到您吗?""这件衣服很适合您，您要不要试穿一下?""你以前了解过我们的产品吗？这是我们公司最新的产品……"。

（二）介绍接近法

营业人员看到顾客对某件产品有兴趣时直接介绍产品。例如"这是今年最流行的款式……""这款空调是我们公司最新的产品，最近卖得很好……"等等。运用介绍接近法时，要注意的是不要征求顾客的意见，以"需不需要我帮您介绍一下?""能否耽误您几分钟……"开头，如果对方回答"不需要"或是"不可以"，显然会造成尴尬。当然直接介绍也要注意对方的表情和语言动作，要观察对方是否有兴趣并及时调整策略。

（三）赞美接近法

以热情的口吻对顾客的外表、气质等进行赞美并接近顾客。例如，"您的包很特别，在哪里买的?""您的项链真漂亮!""哇，好漂亮的小妹妹，和你妈长得一模一样。"通常来说，如果赞美得当，顾客一般都会表示友好，并乐意与你交流。

（四）示范接近法

利用产品示范展示产品的功效，并结合一定的语言介绍来帮助顾客了解产品、认识产品。一般来说，如果顾客真的对某件商品有兴趣，当你开始向他介绍产品时，他一定会认真地听你介绍产品或是提出相关的问题。

需要注意的是，无论采取何种方式接近顾客和介绍产品，营业人员都要注意以下几点：一是要注意顾客的表情和反应，要给顾客说话和提问的机会，切忌一股脑儿地介绍，一口气将产品所有的特点和优点说完。你必须知道，接近顾客并不是要展示你的产品和口才，而是要与顾客"搭腔"，让顾客说话，了解他真正的需求。二是提问要谨慎，不能问一些顾客不好回答的问题或是过于复杂的问题。例如，营业人员一开口就问"你是想买家庭影院还是随便看看?"顾客回答想买吧，这不是实情，又怕他死缠烂打；回答"随便看看"吧，好像顾客没有什么事干，无事找事，这就是顾客不好回答的问题了。三是接近顾客要从顾客正面或侧面走近顾客，而不能从后面走近顾客。另外还要保持恰当的距离，不宜过近，也不宜过远，正确的距离是两臂左右，这也是通常所说的社交距离。

四、FABE 法则

FABE 推销法是非常典型的利益推销法，而且是非常具体、具有高度、可操作性很强的利益推销法。它通过四个关键环节，极为巧妙地处理好了顾客关心的问题，从而顺利地实现产品的销售。这四个关键环节分别如下。

（1）介绍产品的特点（feature）。

（2）分析产品的优势（advantage）。

（3）介绍产品给客户带来的利益（benefit）。

（4）提出证据（evidence）来说服顾客，促成交易。

五、FABE法则具体运用举例

（一）介绍冰箱（以冰箱省电作为卖点）

（特点）“你好，这款冰箱最大的特点是省电，它每天的用电才0.35千瓦时，也就是说3天才用电1千瓦时。”

（优势）“以前的冰箱每天用电都在1千瓦时以上，质量差一点可能每天耗电达到2千瓦时。现在的冰箱耗电设计一般是1千瓦时左右。你一比较就可以知道这款冰箱一天可以为你省多少的钱。”

（利益）“假如0.5元一度电，一天可以省可以0.5元，一个月就省了15元。”

（证据）“这款冰箱为什么那么省电呢？”

（利用说明书）“你看它的输入功率是70瓦，就相当于一个电灯的功率。这款冰箱用了最好的压缩机、最好的制冷剂、最优化的省电设计，它的输入功率小，所以它省电。”

（利用销售记录）“这款冰箱销量非常好，你可以看看我们的销售记录。假如合适的话，我就帮你试一台机。”

（二）介绍沙发

“先生，请你先看一下。”

（特点）“我们这款沙发是真皮的。”——真皮是沙发的属性，是一个客观现实。

（优势）“先生，您坐上试试，它非常柔软。”——柔软是真皮的某项作用。

（利益）“您坐上去是不是比较舒服？”——舒服是带给顾客的利益。

（证据）“今天上午有位先生，就是因为喜欢这一点，买了这款沙发，您看（拿过销售记录），这是销售的档案。”——这里采用的是顾客证据，证据对顾客的购买心理有很大的影响。

六、产品介绍时应注意的事项

（一）把握兴趣集中点

销售人员在与顾客接触过程中要判定顾客的类型，根据顾客类型，结合自己对产品的了解快速判定针对特定顾客的兴趣集中点，围绕一两个兴趣集中点来展开销售，做到有的放矢。一般来说，商品的兴趣集中点主要有以下几种。

（1）商品的使用价值。对于大多数商品和顾客来说，这都是兴趣集中点。

（2）流行性。对于追求时尚的顾客而言，这是一个重要的兴趣集中点，大多数装饰品、高档日用品都应突出这一集中点。

（3）安全性。它对于食品、婴儿用品、电器等显得比较重要。老年顾客以及保守类型的顾客的兴趣会集中在此。

（4）美观性。青年顾客及年轻夫妇多重视商品的美观性，女性顾客比男性顾客更重视这一点。性格内向、生活严谨的人在注重商品使用价值的同时，对其外观也较挑剔，如果你的产品外观上有缺陷，不妨刻意回避一下。

除了以上几种兴趣集中点外，还有教育性、保健性、耐久性、经济性等兴趣集中点。

（二）精彩示范

在发现了顾客的兴趣集中点后，可以重点示范给他们看，以证明你的产品可以解决他们的问题，适合他们的需求。如果你的顾客是随和型的，并且当时气氛很好，时间充裕，你可以从容不迫地将产品的各个方面展示给顾客。当然大多数的顾客都不喜欢你占用他们过多的时间，所以有选择、有重点地示范产品还是很有必要的。如果你的产品容易操作或人们经常使用，那么你可以放心地让顾客去试用，效果一定不错。

在示范的过程中，销售人员一定要做到动作熟练、自然，给顾客留下利落、能干的印象，同时也对自己驾驭产品产生信心。

在示范的过程中，销售人员要心境平和、从容不迫。尤其遇到示范出现意外时，不要急躁，更不要拼命去解释。出现问题可以表现得幽默一点，然后再来一次就好了。

为什么在示范过程中会出现问题呢？原因有在示范前对产品的优点强调过多，从而使顾客对产品的期望过高；销售人员过高估计了自己的表演才能；在示范过程中只顾自己操作，而不去注意顾客的反应。

【牛刀小试】

在任务情境中，你认为妇婴用品店的导购员应怎么接近顾客？

1. 接近顾客的原则是什么？

2. 接近顾客有哪些好的时机？

3. 接近顾客的方法有哪些？

4. 请完成下列任务单（见表5-2），为妇婴用品店的销售实训做好准备。

表5-2 妇婴用品店销售实训任务单

<table>
<tr><td>任务名称</td><td colspan="2"></td><td>学时</td><td></td><td>班级</td><td></td><td></td><td></td></tr>
<tr><td>学生姓名</td><td colspan="2"></td><td>学生学号</td><td></td><td>组别</td><td></td><td>任务成绩</td><td></td></tr>
<tr><td>任务内容</td><td colspan="8">同学们在进店进行实训之前，请先做好进店实训的前期准备工作</td></tr>
<tr><td>任务目的</td><td colspan="8">熟悉导购员日常工作内容，实训接近顾客的技巧、商品介绍的技巧</td></tr>
<tr><td>明确任务
获取信息</td><td colspan="8">1. 阅读任务单，明确任务内容和任务目标
2. 阅读教材本任务“应知应会”部分，学习相关理论知识
3. 通过网络、书籍查找关于妇婴用品店服务规范，对自己的实训进行指导
4. 写出训练方案</td></tr>
<tr><td rowspan="5">训练方案</td><td>实训的
目标门店</td><td colspan="7"></td></tr>
<tr><td>小组人员负责的
工作岗位
（按商品类别分）</td><td colspan="7">同学____负责____商品
同学____负责____商品
同学____负责____商品
同学____负责____商品</td></tr>
<tr><td>接近顾客的方法</td><td colspan="7">同学____接近顾客的方法有____
同学____接近顾客的方法有____
同学____接近顾客的方法有____
同学____接近顾客的方法有____</td></tr>
<tr><td>掌握产品的知识</td><td colspan="7">产品1____
产品2____
产品3____
产品4____</td></tr>
<tr><td>产品介绍技巧</td><td colspan="7">产品1卖点____产品说明方法____
____
产品2卖点____产品说明方法____
____
产品3卖点____产品说明方法____
____
产品4卖点____产品说明方法____
____</td></tr>
<tr><td rowspan="3">评价</td><td>小组自评</td><td colspan="7"></td></tr>
<tr><td>小组互评</td><td colspan="7"></td></tr>
<tr><td>教师评价</td><td colspan="7"></td></tr>
</table>

【任务评价】

任务学习评价表

评价任务	评价关键点	配分	自评分	互评分	教师评分
接近顾客时机	有无指标，是否准确	20			
接近方法	有无针对性	30			
FABE 法则	能否运用自如	30			
商品兴趣集中点	是否合适	20			

【同步练习】

一、单项选择题

1. 接近顾客的“三米”原则是指（　　）。

A. 在顾客进门三米后就开始打招呼

B. 当销售员离顾客还有三米时开始打招呼

C. 当顾客想接近销售员时就开始打招呼

D. 当顾客离门口还有三米时就开始打招呼

2. “欢迎光临”原则是指（　　）。

A. 只是一种欢迎的方式

B. 是顾客进门的一种话术

C. 不能够用“随便看看”这样不确定的对顾客有不良心理暗示的词语

D. 说明顾客进门要引起足够的重视

3. 顾客进门对待顾客的态度应该是（　　）。

A. 非常热情，让顾客似乎看到了朋友

B. 面带微笑，保持距离，等待接近时机

C. 马上推销产品

D. 直接上前表示欢迎

4.（　　）是接近顾客的好时机。

A. 顾客走进店面的时候　　B. 顾客停留在货架前的时候

C. 当顾客看着某件商品时　　D. 当顾客翻看商品的标签时

5. 青年顾客及年轻夫妇、女性顾客，性格内向、生活严谨的人在选择商品时更注重产品的（　　）。

A. 使用价值　　B. 流行性

C. 美观性　　D. 保健性

二、多项选择题

1. FABE 法则将介绍产品归结为几个步骤，这些步骤包括（　　　）。

A. 介绍产品的特点

B. 分析产品的优势

C. 介绍产品给客户带来的利益

D. 提出证据来说服客户，促成交易

2. 销售人员在精彩示范中应该进行的正确行为有（　　　）。

A. 你销售新型的食物处理机时向顾客示范你的机器的所有功能

B. 销售吸尘器时让顾客自己使用一下以感觉它的风力大与噪声小

C. 当你销售钢化玻璃时，你举起铁锤砸玻璃，理想状态是玻璃安然无恙但谁知玻璃恰恰碎了，所以你尽量向顾客解释

D. 在示范时你可以请顾客帮你一点小忙，借用他方便而不贵重的用具

三、判断题

（　　）1. “需不需要给您介绍一下？”这是介绍接近顾客的方法。

（　　）2. 赞美顾客的方法要赞美得适当，否则就不是很好的方法。

（　　）3. 示范接近法的主要目的是让顾客说话，从中发现顾客的需求。

（　　）4. 迎接完顾客就可以直接接近顾客了。

（　　）5. 接近顾客要让顾客感觉到舒适，为进一步的产品说明做好铺垫。

（　　）6. FABE 推销法是非常典型的产品功能推销法。

（　　）7. 对于大多数商品和顾客来说，商品的使用价值都是兴趣集中点。

（　　）8. 对于追求时尚的顾客来说安全性是一个重要的兴趣集中点。

（　　）9. 大多数的顾客都不喜欢你占用他们过多的时间，所以有选择、有重点地示范产品还是很有必要的。

（　　）10. 在示范的过程中，销售人员要一边示范，一边介绍，要介绍全面、广泛。

四、实训题

1. 请分组进行角色扮演，演练接近顾客的方法。

2. 请选择一种商品并尝试运用 FABE 法则进行产品介绍。

参考答案 5. 2

任务 5.3 销售任务管理

【任务目标】

1. 能够制订销售目标。
2. 掌握销售目标分解的方法。
3. 知道如何激励员工达成目标。
4. 知道如何提高门店的业绩。

【任务情境】

小李的妇婴用品店在疫情后重新开店迎客，请为该妇婴用品店制订当月销售计划。

【应知应会】

一、销售基本情况摸底

（1）基本硬件：店面、样柜、品牌经营权、广告投放。

（2）基础团队：销售、设计、安装、文员、老板。

（3）基本制度：工资制度、各种规范性文件。

二、销售日常管理的规范化和流程优化

（一）店面工作表格化管理

熟悉店面日常的工作，整理收集现有公司规范制度和表格，分析总结现有表格的优缺点，重点整理以下日常工作。

（1）日常客户来访登记。

（2）日常客户合同登记。

（3）日常客户回访登记。

(4) 日常客户投诉与信息反馈登记。
(5) 日常店面人员工作交接登记。
(6) 日常店面设计师派单登记。
(7) 日常店面财务登记。
(8) 日常店面人员考勤。

(二) 形成例会制度

(1) 通过日、周、月例会总结前一阶段的销售结果，明确今后的销售目标和任务。
(2) 及时传达公司和商场相关文件。
(3) 激发员工责任感，完善激励机制，调动店面人员的积极性。
(4) 优秀销售案例的分享与总结。

(三) 加强卖场巡视的督导作用

(1) 主要对商品陈列、卫生清洁、员工形象、人员的服务态度、促销情况进行检查。
(2) 调动销售人员的积极性，活跃气氛。
(3) 维护卖场环境整洁，及时主动协助导购解决消费过程中的问题。
(4) 收集顾客建议和意见及时反馈公司。

三、销售任务管理

(一) 销售目标管理与细化

(1) 数据分析：历史数据、竞品、同级市场、政策、环境。
(2) 前景预测：全员认可销售目标。
(3) 任务分解：时间分解、店面分解（人员分解）。
(4) 目标激励：通过现有制度进行各类有效激励。
(5) 方案支持：促销方案、小区团购、广告支持、促销支持。

(二) 优化自身资源，开拓多渠道，提高门店业绩

(1) 开拓顾客购买商品渠道。（力求对每个渠道制订一个目标和推广的方案）
(2) 提升现有团队的服务水平，提高门店的成交率，具体工作计划如下。
① 增强门店销售人员的服务意识。
操作方向：制定统一的服务标准，引入考核机制。

② 训练店面销售人员的沟通技巧。

操作方向：定期开展模拟演练和沟通技巧的培训。

③ 对产品卖点进行重新梳理，分析产品的优点及给客户带来的利益点。

操作方向：开展产品卖点、销售话术、攻心销售等培训。

④ 对竞品调研与分析。

操作方向：找准自身品牌真正的竞争对象，分析竞品优缺点，实行有效竞争。

⑤ 扩大关联产品销售力度。

操作方向：对关联产品进行配套来增加销量。

⑥ 做好店内 VIP 客户的管理。

操作方向：实行店内 VIP 客户的登记管理，节假日定期回访。

（3）团队培训提升。

① 产品特点、销售用语统一与训练。

② 销售技巧和问话技巧的沟通与说服力训练。

③ 竞品分析与标准用语。

④ 关联产品销售标准用语。

⑤ 电话接听服务标准用语。

四、店面销售过程监控与日常解决问题

（1）负责对店面销售人员、设计人员、业务人员的工作管理、分配与协调。

（2）实行任务细化管理，协助各销售人员达成公司下达的各项销售指标。

（3）负责建立店面完善的客户信息档案，督促与监督销售人员跟进、服务好每一个顾客。

（4）负责协助店内人员处理日常顾客的疑问、投诉和店面紧急事务，并视情况及时向上级征求处理意见和汇报处理结果。

（5）负责通过各种渠道收集与整理竞争品牌和异业合作品牌的相关促销信息、其他动态信息等。

【牛刀小试】

根据任务情境，请为该妇婴用品店制订当月销售计划。

1. 当月的销售目标是多少？

2. 目标任务如何分解？

3. 如何进行目标激励？

4. 有哪些促销方案？

【任务评价】

任务学习评价表

评价任务	评价关键点	配分	自评分	互评分	教师评分
制定销售目标	是否具体、可操作	30			
销售目标分解	是否合理、可执行	20			
销售支持	是否具体，效果如何	20			
团队训练内容	是否具体、可操作	30			
激励措施	得当	20			

【同步练习】

一、填空题

1. 在制订销售目标前，要对________进行摸底，做到销售目标切合实际。
2. 销售日常管理要做到________和________优化。
3. 店面工作________，可以使销售的工作跟踪具体，一目了然。

二、判断题

（　　）1. 例会制度，可以更好地激发员工责任感，完善激励机制，调动店面人员的积极性。

（　　）2. 训练店面销售人员的沟通技巧，可以提高门店的销售业绩。

（　　）3. 数据分析的来源可以有历史数据、竞品、同级市场、政策、环境数据等。

三、简答题

1. 如何制订销售目标？

2. 店面销售工作都涉及哪些常用的表格？

3. 销售团队培训的内容有哪些？

四、实训题

请调查你附近的一家水果店，并制订月销售计划。

参考答案 5.3

任务 5.4 处理突发事件

【任务目标】

1. 知道如何预防危机事件的发生。
2. 了解突发事件的种类。
3. 掌握突发事件的具体处理方法。

【任务情境】

妇婴用品店里，一位顾客不小心碰坏了一件价值 60 元的玻璃制品，如果你是导购，你将如何处理这件事？

【应知应会】

一、顾客之间的冲突

（一）如何预防顾客之间发生冲突

购物高峰期，保持楼层、货架之间通道的顺畅，保持门店温度适中，避免顾客因温度不适而心情烦躁。

（二）顾客间冲突的处理

1. 一般性争吵

目击员工或楼层管理人员要立即上前询问原因，根据当时实际情况，做出灵活处理，合理劝解顾客，不可评论孰是孰非，不可偏袒。

2. 发生动手事件时

目击员工应第一时间通知楼层管理人员和管理部，不可袖手旁观。把冲突双方劝开，在此过程中，不可评论谁是谁非，不可偏袒。注意自身安全，两名以上同事一起上前劝阻，尽可能将双方分开，并疏散围观顾客。

尽量留住双方顾客，平息怒气，尤其当有一方受伤时，更不能让另一方顾客离开。保安到场进行处理。（在可能的情况下，将双方带至管理部办公室或最近的办公室。）必要时请警方介入。

二、员工和顾客之间的冲突

（一）如何预防员工和顾客之间发生冲突

所有员工都应接受“顾客服务培训”，树立员工服务意识。各岗位按照服务标准，做到快捷、准确、规范。保持信道的顺畅，高峰时做好楼层及收银区的客流疏导。对顾客的询问及所提要求，应耐心解答，尽量提供所需帮助。遇到问题较多的顾客，应保持冷静和耐心，不与其争执，更不可动手。销售高峰期，楼层管理人员应加强楼层巡视，处理突发事件。对于棘手问题，员工应立即报管理层处理。

（二）员工与顾客间冲突的处理

1. 一般性争吵

目击员工或管理层应立即上前，无论哪一方有错，首先向顾客致以歉意，然后询问原因。倾听顾客诉说，分析判断。一般情况下，将此员工带到一边，了解情况。合理劝解顾客，必要时请顾客到办公室解决。

2. 发生动手事件

目击员工应立即将冲突双方拉开，不应袖手旁观，不可偏袒己方同事，不应指责顾客，第一时间通知管理人员及管理部赶至现场，由管理人员根据当时情况做出灵活处理。如一方或双方受伤，要首先紧急处理，并由管理人员决定是否就医。如顾客提出索赔，应报管理层及法律部。必要时请警方介入。

三、物品丢失事件的处理程序

（一）如何预防丢失事件的发生

广播室根据客流情况加大安全广播力度，门店员工和促销员工对有疏忽的顾客及时巧妙地做出提醒，保安和门店管理人员加强巡视，设立醒目的标牌提示，门店外派保安定期巡视，以起警告作用。

（二）丢失事件发生的处理

1. 顾客当时发现财物被偷窃，且清楚记得偷窃嫌疑人

离顾客最近的员工应及时上前询问清楚偷窃嫌疑者的详细特征，根据顾客的描述，带顾客到门店出入口找保安员，并立即报警。协助顾客在出口处拦截可疑之人，管理部根据当时情况做出相应处理：如拦截到可疑人，由顾客指证；否则应到服务台登记，并到派出所报案。

2. 顾客不知何时丢失财物

员工可安抚、询问“物品放在何处，有无留意到周围有可疑之人”，带失窃顾客到服务台登记，服务台用广播告知顾客和员工，帮助该顾客寻找失物，如有员工在门店内发现无人认领的物品，应立即送到服务台，不得单独翻看。如有必要，根据顾客要求协助其到派出所报案，顾客索要赔偿，商场员工不可做出任何赔偿承诺，遇有任何疑问及时联系商场管理人员。

3. 目击小偷偷窃顾客财物

第一时间告诉受害者，以挽回损失。协助抓小偷时注意自身安全，抓小偷时应大声制止，争取周围员工和顾客的帮助与支持。处理同时，通知保安部/领班/商场管理层。抓住小偷后一定要留住顾客作为证人，证据充分，把小偷送往公安机关。

四、抄价格的处理程序

（一）处理程序

当看到有人抄价格时，员工应立即通知商场管理人员，商场管理人员应上前礼貌询问是否需要帮助。如属不知情的顾客，则耐心解释相关政策并提供帮助。如属竞争对手，则礼貌告知并继续观察，如对方态度强硬，继续抄写，可通知管理部保安人员/领班给予协助。

（二）注意事项

无论哪种情况，均应用三米微笑原则及礼貌语言，避免投诉，尤其不能接触顾客身体或没收他的东西。

【牛刀小试】

如果你是任务情境的导购，参考以下流程提出具体的处理方案。

（1）先弄清楚事情的来龙去脉。

（2）态度诚恳，礼貌解决。

（3）共同找出解决问题的方法。

（4）向领导汇报情况，申请批准。

【任务评价】

任务学习评价表

店铺名称：　　成员：　　时间：第　周第　节

评价任务	评价关键点	配分	自评分	互评分	教师评分
遇到事情的态度	是否谨慎、冷静、不慌张	30			
处理程序	是否符合要求	30			
顾客反应	是否良好	20			
自己的反思	是否良好	20			

【同步练习】

一、填空题

1. 发生动手事件时，目击员工应________通知楼层管理人员和管理部，不可袖手旁观。

2. 所有员工应接受________，树立员工服务意识。各岗位按照服务标准，做到快捷、准确、规范。

3. 无论发生的是哪种突发危机情况，均应用________原则及礼貌语言，避免投诉。

二、判断题

(　　) 1. 购物高峰期，保持楼层、货架之间通道的顺畅，保持商场温度适中，避免顾客因温度不适而心情烦躁。

(　　) 2. 目击小偷偷窃顾客财物，第一时间告诉受害者，以挽回损失。

(　　) 3. 为了避免偷盗事情发生，保安应该经常巡视楼层，注意可疑人员。

三、简答题

1. 如何预防顾客之间发生冲突？

2. 顾客之间发生冲突时如何处理？

3. 员工和顾客之间发生冲突时如何处理？

4. 抢劫事件的处理程序是怎样的？

参考答案 5.4

四、实训题

遇到顾客上门换货，如何进行处理？让学生进行演练。

项目 6

日常营业管理

项目概述

日常营业管理是门店运营中必不可少而且是非常重要的工作内容。掌握日常管理的要求和技巧，对于营销管理人员是一项日常操作。本项目共有三个学习任务，包括：早会，团队日常监督与激励，门店安全管理。通过本项目的学习和训练，学习者可以丰富门店日常营业管理技能，充分争取与运用资源，提升职业素养。

任务 6.1 早会

【任务目标】

1. 知道开展早会的必要性。

2. 了解早会经营的要点。

3. 具备主持人沟通的能力。

4. 了解早会的流程。

【任务情境】

小陈和朋友合伙开的便利店，经过三年的经营，规模越来越大，已变成一个综合型的超市，两层门店面积近1 000平方米，员工也有50多人，合伙人认为应该参考大型超市的管理方式，对员工进行更为规范的管理，他们决定先从早会开始，你能帮帮他们吗？

【应知应会】

一、早会的意义

早会是在每个工作日内，开始正常工作之前的简短会议。一年之计在于春，一日之计在于晨。早会集全日的管理于20分钟之内，全方位地对每个人、每件事进行清理和控制，以改善员工精神面貌，创建组织学习文化，建立相互检查、监督考核机制，聚焦企业品牌文化引导企业行为，提高核心竞争力（图6-1）。

图6-1 门店早会

开早会具有以下重要意义。

（1）开早会是调整员工一天工作状态的重要方式。企业员工每一天都有既定的计划任务，每一天都处于很大的压力之中。特别是一线业务人员，很多时候都要面对各种各样的困难。所以要学会通过开早会来强化员工的奋斗意识、拼搏意识。

（2）开早会是进行企业理念、文化、管理思想灌输的最佳时机。开早会就是进行这种“灌输”的最佳时机——看似平凡的每天10多分钟，坚持下来就胜过千言万语、长篇大论。培育员工（特别是新加盟企业的员工）的观念、提高全体员工的素质不是一天两天宣讲，或者一个月两个月封闭培训能解决的问题，要想让员工素质真正获得提高，就需要不断地、反复地强化。

（3）开早会是“授权”式管理最佳的配合。“授权”的关键在于授权方对被授权方形成一种管理和制约，随时了解其主要的工作进展。了解下属工作进展最好的时间就是每天的早会。每天在早会中检查前一天的工作进展和布置今天的任务，这种方式将使每一个管理人员对下属工作的了解相当精确。

（4）早会是企业的信息沟通平台。早会中，各小组要汇报昨天工作情况，便于各小组之间的信息交流，从而提高工作效率和客户满意度。

（5）早会是企业管理人才的培训平台。早会是锻炼培养企业的中高管理层人员的很好形式。有利于把管理工作细化到部门、个人，有利于培养主管的目标任务观念；有利于加大管理人员的检查、监督、执行力度。通过策划早会，管理人员的领导能力、组织能力、表达能力、指挥能力等都将得到极大的提高。

二、早会的效果

早会应使每一位员工都能够有所思、有所得、有所动。

（一）有所思

参加早会，让员工回顾他们的工作历程，过去那样做到底效果如何？怎样才能做得更好？让他们思索，并受到启发和触动。

（二）有所得

参加早会，让所有的员工在磨炼中成熟，在辅导中成长，在参与中提高，在实践中加强；学习新制度、新条款、新规则，学习新信息、新技术、新方法；提高素质。

（三）有所动

参加早会，让员工精神饱满，斗志昂扬，结束后即可马上开始行动。

三、早会经营的要点

（1）精心的准备。成功来自好的准备，开早会时，要营造热烈的气氛。并做到以下三点：① 善于捕捉有利因素，降低不利因素的影响。② 持续改善团队的人际关系。③ 明确团队的共同目标。

（2）早会主持人表达流畅、清晰，语言要有号召力，不要有歧义。

（3）早会主题及内容要不断创新，让员工觉得有持续的收益。

（4）激发参与者，要有适度的赞美。

四、主持人应具备的能力

（一）沟通能力

（1）说话的技巧：请教+赞美。

（2）听话的技巧：① 倾听；② 保持关注。

（二）让人快乐的能力

（1）具有适当的幽默感，让员工觉得有一个轻松的环境。

（2）让员工感觉到工作是一种享受，“带着压力工作，带着心情生活”。

（3）激发他人动机的能力。① 维持人际关系的能力（防止发生内部矛盾）；② 告知对方达成目标的意义，让对方对规章制度上的各种奖励产生期待。

（4）现场控制的能力。现场控制能力包括以下三方面：① 眼神交流；② 肢体语言；③ 控制时间。

（5）学习能力。要具备学习能力，应做到以下两方面。① 提高阅读的能力；② 扩大学习的领域，这样，才能与店员找到共同话题。

五、不同类型早会的开法

（一）记者招待会式的早会

【准备】选定一个当前热门的或受关注的话题，一位主持人，一两位有相关能力的发言人（公司领导或主管以上干部），并在讲台前布置一长桌。

【操作】主持人及发言人在桌前就座，主持人先就发表的主题做简单介绍，然后请参会员工扮演记者自由提问，发言人做以回答。对于各式各样的提问，发言人要沉着冷静，或详细讲解，或简明扼要，或机智幽默。而主持人既要启发提问，又要控制场面。

【评注】这种早会其实是借记者招待会的形式，选请优秀人员对所有参加早会的人作再培训，员工则将平时的疑难和问题，既当记者，又似客户一般提出问题。

（二）嘉宾面对面的早会

【准备】确定不同主题，提前约请嘉宾，如公司副总裁、办公室主任或各中心负责人或各部门经理，或其他公司的嘉宾，或企业客户，或者同行业的专家等。

【操作】在讲台中央或台前安排两三个座位，由一位主持人采访一两位嘉宾。主持人事先准备提问要点并与嘉宾做好沟通，谈话过程要轻松幽默，并可穿插下面听众的提问，总之要让人有所收获。

【评注】这是一种非常有效的沟通手段，关键在于所请的嘉宾能否畅所欲言、所选的话题是否受人关注，比如请客户谈客户服务、请医生谈重大疾病、请社保官员谈社保问题等都是极佳的内容。

（三）早餐俱乐部式的早会

【准备】事先预备好饮料如牛奶、豆浆、茶；点心如各种包子、面包等，也可以预订外卖。每人自备部分食品当然更受欢迎。

【操作】把座位围成大圈子，将食品放在中间或分配好，请全体成员入座，开始早餐俱乐部式的早会。在会上可以聊些如养生之道、交际礼仪等较为轻松的话题，尤其适宜的是有关健康方面的话题。当然也可以做每月小结，回顾当月情况，奖励优秀，制订下月工作目标。

【评注】这种边吃边谈、营养丰富的早会，在每月底的时候开一次，对每天匆匆忙忙赶着来工作的员工来说，是颇具人情味的，而且在这种气氛轻松的早会上讨论的内容比较容易让人接受。

（四）视频会议式的早会（适合用于总部和营销团队之间）

【准备】笔记本电脑一台，邀请会视频会议系统操作的主持人一名。

【评注】随着网络信息技术的日益发展，网上新闻、咨询、交易、购物日益普及，令网上早会也日益凸显出它的必要性。这时，视频会议走入了企业的会议生活。它能令我们耳目一新，因为它的信息量更大、更及时、更有效，覆盖面广，能与各地的人员进行交流，有利于培养一批新一代的营销专业人员。

【操作】主持人将电脑放在讲台上，并接上视频会议系统，然后开始就营销专题展开话题，引导全体业务同人畅所欲言。有条件的话，这种早会宜每月一次，主持人要事先做好相关内容的准备，做到既关注专业一面，又涉及轻松话题。

（五）庆生会式的早会

【准备】收集总部所有成员的身份证号码和生日日期，列出每个月过生日的人员名单，每人一张生日贺卡，每月预订一个生日蛋糕。

【操作】每月选择一天（例如每月初的第一个星期五），为当月过生日的同人举行集体庆生会，内容有公司领导、经理主管及其他家人代表的贺词，赠予签有部门全体同人名字的贺卡。

【评注】为公司同人举行庆生会，无疑是公司的亲情管理和民心工程，它既增强了凝聚力，又为内部沟通和解决问题创造了条件。

六、早会内容及流程

（1）早会内容应积极向上，以企业文化和企业、行业信息传播为主，如企业文化讲解，企业制度、企业活动传达、学习、分享，表扬先进、鞭策后进，相互激励、励志歌曲、励志故事。

（2）由承办部门根据公司的整体规划拟订早会的周主题，并报市场文化部门审核，主持人根据主题进行准备。

（3）承办部门必须根据标准要求来完成早会的组织落实工作，不得根据个人意愿随意更改早会的核心规定流程及内容，见表 6-1 至表 6-3。

表 6-1 早会流程与内容

时间	星期一、二，8:00-8:30	请严格把控时间，准时开始与结束，除非有特别重要的嘉宾或重要讲话时方可视情况延时
地点	公司会议室	如需其他特别场地，请提前申请及落实。保证现场的环境整洁、桌椅摆放整齐、窗帘及文化墙整齐划一，窗明几净
参加人员	公司全体员工	特殊情况不能参加早会的须提前向部门经理书面申请
主持人	由各承办部门选定主持人	主持专业、大方，形象端正、热情大方、笑容亲和、普通话标准、善于活跃气氛、态度积极、善于沟通，控场能力强，表达能力强
音乐	根据早会主题配合适的音乐，以更好地凸显主题内容	DJ 需遵守公司设备使用规范，严格执行，播放曲目应选择公司企业文化歌曲、轻松高雅的音乐、红色经典爱国歌曲、古典音乐、民歌、世界名曲等，音量适中，并与早会主题相协调。音响音质清晰、响亮，声音有穿透力，并保证各个角度座位的听讲效果

表 6-2 早会项目安排

项目/时间		星期一	星期二	星期三	星期四	星期五
1	开场问好	★	★	/	/	/
2	舞蹈	★	★	/	/	/
3	出勤汇报	★	★	/	/	/
4	新闻播报	○	★	/	/	
5	文件学习	○	○			
6	专题分享	○	○	/	/	
7	部门展示	○	○	/	/	
8	经典诵读	★	★	/	/	
9	击掌结束	○	/	/	/	/
10	拥抱	★	★	/	/	/
图例说明：★ 必须进行的项目 / 不必进行的项目 ○视早会情况与内容合理安排的项目						

表 6-3 早会流程标准

序号	项目	标准要求
1	开场问好	(1) 开场阐述及铺垫 (2) 向在场高管、员工问好，问好时，声音要激昂有力，并且音调逐渐上升，个人状态要精神饱满 (3) 自我介绍完毕后，介绍本周主题及今天所要分享的内容
2	舞蹈	活跃气氛，活动肢体，领舞需提前做好安排，精神状态好，能带动大家的积极性
3	出勤汇报	出勤汇报部门顺序可以随机抽选，不能误报、漏报：① 各部门依次进行出勤汇报，要求士气必须高昂，主持人可对此进行引导；② 如有创新环节，必须提前与各部门知会，避免现场杂乱；③ 出勤汇报过程中，主持人必须知晓所有将要汇报部门，提前沟通好，并提出要求，严禁在过程中出现漏报、误报情况；④ 在出勤汇报部门中，主持人必须与各部门对接好，并将要求再次提示一遍，确认当天必须有人到场
4	新闻播报	遵循“公司新闻为首，积极正面、富有感染力”的原则，以播报公司最新的信息与新闻为主，或者补充行业内的新闻，新闻主播必须普通话标准，语速适当，吐词清晰，熟悉内容，播报新闻的形式可根据新闻内容进行适当的创新。新闻播报需提前一天下午四点前发到市场文化部门进行审核，审核后方可播报
5	文件学习	承办部门提前与市场文化部门沟通，周一是否安排文件宣读，大约需要多久的时间，主持人可对其要求时间的把控。要求讲解清晰，普通话标准
6	专题分享	重要的早会或启动大会等由市场文化部门邀请公司高管来进行勉励，时间可控制在10分钟。其他时间可根据早会主题内容邀请有故事的家人进行分享，不论职位，只要内容足够精彩，都可以与大家进行分享，时间可控制在5~10分钟以内。内容注重贴近实际而精彩，准备充分
7	部门展示	每个部门根据部门实际情况及早会主题进行部门的展示，内容要求展现部门的风貌、工作内容、工作交流等，可采用多种方式方法，展现部门的风采
8	经典诵读	共同诵读公司愿景、使命、价值观、企业精神、口号、论语选段、职业道德、感恩词轮流读
9	击掌结束	相互击掌，互相勉励加油结束
10	拥抱	需配合温暖感觉的音乐，用温暖的语言引导大家进行此环节，体现家庭文化的温馨与温暖

七、早会评分规则

(1) 早会评分小组成员由各承办早会部门指定人员担任，负责每次早会的评比打分。

(2) 评分小组成员根据早会的环境、内容、气氛、主持风格等综合因素来评分，每次早会打一个分数，每个承办部门汇总一个总分，每两个月进行一次早会优秀承办部门、优秀主持人及优秀表演节目的评选。

(3) 如果部门对接负责人因事未参加早会，则需事先指定本部门代理人代替打分，不可漏打分。本部门举行早会的当周，评分本人不对本部门评分。

【牛刀小试】

假设你是小陈新超市的一名店长，请你来做个早会分享吧。

（一）问候（1 分钟）

方式：鼓掌（爱的鼓励）。

节奏：12，123，1234，12

目的：注意力集中。

（二）推出昨天最佳员工分享经验（3 分钟）

内容：最佳员工经验分享。

方式：互动与表彰。

目的：① 让其他学员学习到身边人成功的经验。② 让最佳学员感受公司对他的重视。

（三）观念分享（3 分钟）

内容：结合昨日总结反映的问题，给予相应的观念。

方式：提问昨日这个问题的一个典型，针对这个问题，开始展开讨论。

目的：每天进步 1%。

（四）工作目标抽查（3 分钟）

内容：目标抽查，可以抽查培训内容等。

方式：提问 1~2 个员工。

目的：① 让他们明白计划与目标的重要性。② 讲师也明白他们的计划，起了一定的监督作用。

（五）工作安排（3 分钟）

内容：安排今天各个员工需要完成的工作。

目的：让他们能清楚自己每天应该做什么。

（六）自我激励（2 分钟）

内容：所有失败和挫折都是财富，相信自己，相信伙伴，今天我一定能成功。

方式：军队式（大声，立正），鼓掌。

节奏：12，123，1234，12

目的：改善精神面貌，以积极的心态面对一天的工作。

根据以上早会，完成早会记录（见表6-4）。

表6-4　早会记录

公司logo	公司名称	表单编号：TX/ZH-20210222
		版本/版次：2021/1版
	每日早会记录	最新修订日期：
		早会部门：

早会时间	年　月　日　时　分起　时　分止		
地　点		主持人	
缺席情况	应到____人，实到____人，其中迟到____人，缺席____人，缺席人/事由：		
早会内容记录			
● 需持续、延续的工作 1 2 3 4			
● 部门需改进优化的问题和措施 1 2 3			
● 当日重点工作 1 2 3			
分管领导签阅：			

"你好，有什么可以帮到您吗?""这件衣服很适合您，您要不要试穿一下?""你以前了解过我们的产品吗？这是我们公司最新的产品……"。

（二）介绍接近法

营业人员看到顾客对某件产品有兴趣时直接介绍产品。例如"这是今年最流行的款式……""这款空调是我们公司最新的产品，最近卖得很好……"等等。运用介绍接近法时，要注意的是不要征求顾客的意见，以"需不需要我帮您介绍一下?""能否耽误您几分钟……"开头，如果对方回答"不需要"或是"不可以"，显然会造成尴尬。当然直接介绍也要注意对方的表情和语言动作，要观察对方是否有兴趣并及时调整策略。

（三）赞美接近法

以热情的口吻对顾客的外表、气质等进行赞美并接近顾客。例如，"您的包很特别，在哪里买的?""您的项链真漂亮!""哇，好漂亮的小妹妹，和你妈长得一模一样。"通常来说，如果赞美得当，顾客一般都会表示友好，并乐意与你交流。

（四）示范接近法

利用产品示范展示产品的功效，并结合一定的语言介绍来帮助顾客了解产品、认识产品。一般来说，如果顾客真的对某件商品有兴趣，当你开始向他介绍产品时，他一定会认真地听你介绍产品或是提出相关的问题。

需要注意的是，无论采取何种方式接近顾客和介绍产品，营业人员都要注意以下几点：一是要注意顾客的表情和反应，要给顾客说话和提问的机会，切忌一股脑儿地介绍，一口气将产品所有的特点和优点说完。你必须知道，接近顾客并不是要展示你的产品和口才，而是要与顾客"搭腔"，让顾客说话，了解他真正的需求。二是提问要谨慎，不能问一些顾客不好回答的问题或是过于复杂的问题。例如，营业人员一开口就问"你是想买家庭影院还是随便看看?"顾客回答想买吧，这不是实情，又怕他死缠烂打；回答"随便看看"吧，好像顾客没有什么事干，无事找事，这就是顾客不好回答的问题了。三是接近顾客要从顾客正面或侧面走近顾客，而不能从后面走近顾客。另外还要保持恰当的距离，不宜过近，也不宜过远，正确的距离是两臂左右，这也是通常所说的社交距离。

四、FABE 法则

FABE 推销法是非常典型的利益推销法，而且是非常具体、具有高度、可操作性很强的利益推销法。它通过四个关键环节，极为巧妙地处理好了顾客关心的问题，从而顺利地实现产品的销售。这四个关键环节分别如下。

（1）介绍产品的特点（feature）。

（2）分析产品的优势（advantage）。

（3）介绍产品给客户带来的利益（benefit）。

（4）提出证据（evidence）来说服顾客，促成交易。

五、FABE 法则具体运用举例

（一）介绍冰箱（以冰箱省电作为卖点）

（特点）“你好，这款冰箱最大的特点是省电，它每天的用电才0.35千瓦时，也就是说3天才用电1千瓦时。”

（优势）“以前的冰箱每天用电都在1千瓦时以上，质量差一点可能每天耗电达到2千瓦时。现在的冰箱耗电设计一般是1千瓦时左右。你一比较就可以知道这款冰箱一天可以为你省多少的钱。”

（利益）“假如0.5元一度电，一天可以省可以0.5元，一个月就省了15元。”

（证据）“这款冰箱为什么那么省电呢？”

（利用说明书）“你看它的输入功率是70瓦，就相当于一个电灯的功率。这款冰箱用了最好的压缩机、最好的制冷剂、最优化的省电设计，它的输入功率小，所以它省电。”

（利用销售记录）“这款冰箱销量非常好，你可以看看我们的销售记录。假如合适的话，我就帮你试一台机。”

（二）介绍沙发

“先生，请你先看一下。”

（特点）“我们这款沙发是真皮的。”——真皮是沙发的属性，是一个客观现实。

（优势）“先生，您坐上试试，它非常柔软。”——柔软是真皮的某项作用。

（利益）“您坐上去是不是比较舒服？”——舒服是带给顾客的利益。

（证据）“今天上午有位先生，就是因为喜欢这一点，买了这款沙发，您看（拿过销售记录），这是销售的档案。”——这里采用的是顾客证据，证据对顾客的购买心理有很大的影响。

六、产品介绍时应注意的事项

（一）把握兴趣集中点

销售人员在与顾客接触过程中要判定顾客的类型，根据顾客类型，结合自己对产品的了解快速判定针对特定顾客的兴趣集中点，围绕一两个兴趣集中点来展开销售，做到有的放矢。一般来说，商品的兴趣集中点主要有以下几种。

（1）商品的使用价值。对于大多数商品和顾客来说，这都是兴趣集中点。

（2）流行性。对于追求时尚的顾客而言，这是一个重要的兴趣集中点，大多数装饰品、高档日用品都应突出这一集中点。

（3）安全性。它对于食品、婴儿用品、电器等显得比较重要。老年顾客以及保守类型的顾客的兴趣会集中在此。

（4）美观性。青年顾客及年轻夫妇多重视商品的美观性，女性顾客比男性顾客更重视这一点。性格内向、生活严谨的人在注重商品使用价值的同时，对其外观也较挑剔，如果你的产品外观上有缺陷，不妨刻意回避一下。

除了以上几种兴趣集中点外，还有教育性、保健性、耐久性、经济性等兴趣集中点。

（二）精彩示范

在发现了顾客的兴趣集中点后，可以重点示范给他们看，以证明你的产品可以解决他们的问题，适合他们的需求。如果你的顾客是随和型的，并且当时气氛很好，时间充裕，你可以从容不迫地将产品的各个方面展示给顾客。当然大多数的顾客都不喜欢你占用他们过多的时间，所以有选择、有重点地示范产品还是很有必要的。如果你的产品容易操作或人们经常使用，那么你可以放心地让顾客去试用，效果一定不错。

在示范的过程中，销售人员一定要做到动作熟练、自然，给顾客留下利落、能干的印象，同时也对自己驾驭产品产生信心。

在示范的过程中，销售人员要心境平和、从容不迫。尤其遇到示范出现意外时，不要急躁，更不要拼命去解释。出现问题可以表现得幽默一点，然后再来一次就好了。

为什么在示范过程中会出现问题呢？原因有在示范前对产品的优点强调过多，从而使顾客对产品的期望过高；销售人员过高估计了自己的表演才能；在示范过程中只顾自己操作，而不去注意顾客的反应。

【牛刀小试】

在任务情境中，你认为妇婴用品店的导购员应怎么接近顾客？

1. 接近顾客的原则是什么？

2. 接近顾客有哪些好的时机？

3. 接近顾客的方法有哪些?

4. 请完成下列任务单（见表 5-2），为妇婴用品店的销售实训做好准备。

表 5-2 妇婴用品店销售实训任务单

<table>
<tr><td>任务名称</td><td></td><td>学时</td><td></td><td>班级</td><td></td><td></td><td></td></tr>
<tr><td>学生姓名</td><td></td><td>学生学号</td><td></td><td>组别</td><td></td><td>任务成绩</td><td></td></tr>
<tr><td>任务内容</td><td colspan="7">同学们在进店进行实训之前，请先做好进店实训的前期准备工作</td></tr>
<tr><td>任务目的</td><td colspan="7">熟悉导购员日常工作内容，实训接近顾客的技巧、商品介绍的技巧</td></tr>
<tr><td>明确任务
获取信息</td><td colspan="7">1. 阅读任务单，明确任务内容和任务目标
2. 阅读教材本任务“应知应会”部分，学习相关理论知识
3. 通过网络、书籍查找关于妇婴用品店服务规范，对自己的实训进行指导
4. 写出训练方案</td></tr>
<tr><td rowspan="5">训练方案</td><td>实训的
目标门店</td><td colspan="6"></td></tr>
<tr><td>小组人员负责的
工作岗位
（按商品类别分）</td><td colspan="6">同学________负责________商品
同学________负责________商品
同学________负责________商品
同学________负责________商品</td></tr>
<tr><td>接近顾客的方法</td><td colspan="6">同学________接近顾客的方法有____________
同学________接近顾客的方法有____________
同学________接近顾客的方法有____________
同学________接近顾客的方法有____________</td></tr>
<tr><td>掌握产品的知识</td><td colspan="6">产品 1____________________
产品 2____________________
产品 3____________________
产品 4____________________</td></tr>
<tr><td>产品介绍技巧</td><td colspan="6">产品 1 卖点____________产品说明方法____________
____
产品 2 卖点____________产品说明方法____________
____
产品 3 卖点____________产品说明方法____________
____
产品 4 卖点____________产品说明方法____________
________________________</td></tr>
<tr><td rowspan="3">评价</td><td>小组自评</td><td colspan="6"></td></tr>
<tr><td>小组互评</td><td colspan="6"></td></tr>
<tr><td>教师评价</td><td colspan="6"></td></tr>
</table>

【任务评价】

任务学习评价表

评价任务	评价关键点	配　　分	自　评　分	互　评　分	教师评分
接近顾客时机	有无指标，是否准确	20			
接近方法	有无针对性	30			
FABE 法则	能否运用自如	30			
商品兴趣集中点	是否合适	20			

【同步练习】

一、单项选择题

1. 接近顾客的“三米”原则是指（　　）。

A. 在顾客进门三米后就开始打招呼

B. 当销售员离顾客还有三米时开始打招呼

C. 当顾客想接近销售员时就开始打招呼

D. 当顾客离门口还有三米时就开始打招呼

2.“欢迎光临”原则是指（　　）。

A. 只是一种欢迎的方式

B. 是顾客进门的一种话术

C. 不能够用“随便看看”这样不确定的对顾客有不良心理暗示的词语

D. 说明顾客进门要引起足够的重视

3. 顾客进门对待顾客的态度应该是（　　）。

A. 非常热情，让顾客似乎看到了朋友

B. 面带微笑，保持距离，等待接近时机

C. 马上推销产品

D. 直接上前表示欢迎

4.（　　）是接近顾客的好时机。

A. 顾客走进店面的时候　　B. 顾客停留在货架前的时候

C. 当顾客看着某件商品时　　D. 当顾客翻看商品的标签时

5. 青年顾客及年轻夫妇、女性顾客，性格内向、生活严谨的人在选择商品时更注重产品的（　　）。

A. 使用价值　　B. 流行性

C. 美观性　　D. 保健性

二、多项选择题

1. FABE 法则将介绍产品归结为几个步骤，这些步骤包括（　　）。

A. 介绍产品的特点

B. 分析产品的优势

C. 介绍产品给客户带来的利益

D. 提出证据来说服客户，促成交易

2. 销售人员在精彩示范中应该进行的正确行为有（　　）。

A. 你销售新型的食物处理机时向顾客示范你的机器的所有功能

B. 销售吸尘器时让顾客自己使用一下以感觉它的风力大与噪声小

C. 当你销售钢化玻璃时，你举起铁锤砸玻璃，理想状态是玻璃安然无恙但谁知玻璃恰恰碎了，所以你尽量向顾客解释

D. 在示范时你可以请顾客帮你一点小忙，借用他方便而不贵重的用具

三、判断题

（　　）1. “需不需要给您介绍一下？”这是介绍接近顾客的方法。

（　　）2. 赞美顾客的方法要赞美得适当，否则就不是很好的方法。

（　　）3. 示范接近法的主要目的是让顾客说话，从中发现顾客的需求。

（　　）4. 迎接完顾客就可以直接接近顾客了。

（　　）5. 接近顾客要让顾客感觉到舒适，为进一步的产品说明做好铺垫。

（　　）6. FABE 推销法是非常典型的产品功能推销法。

（　　）7. 对于大多数商品和顾客来说，商品的使用价值都是兴趣集中点。

（　　）8. 对于追求时尚的顾客来说安全性是一个重要的兴趣集中点。

（　　）9. 大多数的顾客都不喜欢你占用他们过多的时间，所以有选择、有重点地示范产品还是很有必要的。

（　　）10. 在示范的过程中，销售人员要一边示范，一边介绍，要介绍全面、广泛。

四、实训题

1. 请分组进行角色扮演，演练接近顾客的方法。

2. 请选择一种商品并尝试运用 FABE 法则进行产品介绍。

参考答案 5.2

任务 5.3 销售任务管理

【任务目标】

1. 能够制订销售目标。
2. 掌握销售目标分解的方法。
3. 知道如何激励员工达成目标。
4. 知道如何提高门店的业绩。

【任务情境】

小李的妇婴用品店在疫情后重新开店迎客，请为该妇婴用品店制订当月销售计划。

【应知应会】

一、销售基本情况摸底

（1）基本硬件：店面、样柜、品牌经营权、广告投放。
（2）基础团队：销售、设计、安装、文员、老板。
（3）基本制度：工资制度、各种规范性文件。

二、销售日常管理的规范化和流程优化

（一）店面工作表格化管理

熟悉店面日常的工作，整理收集现有公司规范制度和表格，分析总结现有表格的优缺点，重点整理以下日常工作。

（1）日常客户来访登记。
（2）日常客户合同登记。
（3）日常客户回访登记。

（4）日常客户投诉与信息反馈登记。
（5）日常店面人员工作交接登记。
（6）日常店面设计师派单登记。
（7）日常店面财务登记。
（8）日常店面人员考勤。

（二）形成例会制度

（1）通过日、周、月例会总结前一阶段的销售结果，明确今后的销售目标和任务。
（2）及时传达公司和商场相关文件。
（3）激发员工责任感，完善激励机制，调动店面人员的积极性。
（4）优秀销售案例的分享与总结。

（三）加强卖场巡视的督导作用

（1）主要对商品陈列、卫生清洁、员工形象、人员的服务态度、促销情况进行检查。
（2）调动销售人员的积极性，活跃气氛。
（3）维护卖场环境整洁，及时主动协助导购解决消费过程中的问题。
（4）收集顾客建议和意见及时反馈公司。

三、销售任务管理

（一）销售目标管理与细化

（1）数据分析：历史数据、竞品、同级市场、政策、环境。
（2）前景预测：全员认可销售目标。
（3）任务分解：时间分解、店面分解（人员分解）。
（4）目标激励：通过现有制度进行各类有效激励。
（5）方案支持：促销方案、小区团购、广告支持、促销支持。

（二）优化自身资源，开拓多渠道，提高门店业绩

（1）开拓顾客购买商品渠道。（力求对每个渠道制订一个目标和推广的方案）
（2）提升现有团队的服务水平，提高门店的成交率，具体工作计划如下。
① 增强门店销售人员的服务意识。
操作方向：制定统一的服务标准，引入考核机制。

② 训练店面销售人员的沟通技巧。

操作方向：定期开展模拟演练和沟通技巧的培训。

③ 对产品卖点进行重新梳理，分析产品的优点及给客户带来的利益点。

操作方向：开展产品卖点、销售话术、攻心销售等培训。

④ 对竞品调研与分析。

操作方向：找准自身品牌真正的竞争对象，分析竞品优缺点，实行有效竞争。

⑤ 扩大关联产品销售力度。

操作方向：对关联产品进行配套来增加销量。

⑥ 做好店内 VIP 客户的管理。

操作方向：实行店内 VIP 客户的登记管理，节假日定期回访。

（3）团队培训提升。

① 产品特点、销售用语统一与训练。

② 销售技巧和问话技巧的沟通与说服力训练。

③ 竞品分析与标准用语。

④ 关联产品销售标准用语。

⑤ 电话接听服务标准用语。

四、店面销售过程监控与日常解决问题

（1）负责对店面销售人员、设计人员、业务人员的工作管理、分配与协调。

（2）实行任务细化管理，协助各销售人员达成公司下达的各项销售指标。

（3）负责建立店面完善的客户信息档案，督促与监督销售人员跟进、服务好每一个顾客。

（4）负责协助店内人员处理日常顾客的疑问、投诉和店面紧急事务，并视情况及时向上级征求处理意见和汇报处理结果。

（5）负责通过各种渠道收集与整理竞争品牌和异业合作品牌的相关促销信息、其他动态信息等。

【牛刀小试】

根据任务情境，请为该妇婴用品店制订当月销售计划。

1. 当月的销售目标是多少？

2. 目标任务如何分解？

3. 如何进行目标激励？

4. 有哪些促销方案？

【任务评价】

任务学习评价表

评价任务	评价关键点	配　分	自评分	互评分	教师评分
制定销售目标	是否具体、可操作	30			
销售目标分解	是否合理、可执行	20			
销售支持	是否具体，效果如何	20			
团队训练内容	是否具体、可操作	30			
激励措施	得当	20			

【同步练习】

一、填空题

1. 在制订销售目标前，要对________进行摸底，做到销售目标切合实际。
2. 销售日常管理要做到________和________优化。
3. 店面工作________，可以使销售的工作跟踪具体，一目了然。

二、判断题

(　　) 1. 例会制度，可以更好地激发员工责任感，完善激励机制，调动店面人员的积极性。

(　　) 2. 训练店面销售人员的沟通技巧，可以提高门店的销售业绩。

(　　) 3. 数据分析的来源可以有历史数据、竞品、同级市场、政策、环境数据等。

三、简答题

1. 如何制订销售目标？

2. 店面销售工作都涉及哪些常用的表格?

3. 销售团队培训的内容有哪些?

四、实训题

请调查你附近的一家水果店，并制订月销售计划。

参考答案 5.3

任务 5.4 处理突发事件

【任务目标】

1. 知道如何预防危机事件的发生。
2. 了解突发事件的种类。
3. 掌握突发事件的具体处理方法。

【任务情境】

妇婴用品店里，一位顾客不小心碰坏了一件价值 60 元的玻璃制品，如果你是导购，你将如何处理这件事?

【应知应会】

一、顾客之间的冲突

（一）如何预防顾客之间发生冲突

购物高峰期，保持楼层、货架之间通道的顺畅，保持门店温度适中，避免顾客因温度不适而心情烦躁。

（二）顾客间冲突的处理

1. 一般性争吵

目击员工或楼层管理人员要立即上前询问原因，根据当时实际情况，做出灵活处理，合理劝解顾客，不可评论孰是孰非，不可偏袒。

2. 发生动手事件时

目击员工应第一时间通知楼层管理人员和管理部，不可袖手旁观。把冲突双方劝开，在此过程中，不可评论谁是谁非，不可偏袒。注意自身安全，两名以上同事一起上前劝阻，尽可能将双方分开，并疏散围观顾客。

尽量留住双方顾客，平息怒气，尤其当有一方受伤时，更不能让另一方顾客离开。保安到场进行处理。（在可能的情况下，将双方带至管理部办公室或最近的办公室。）必要时请警方介入。

二、员工和顾客之间的冲突

（一）如何预防员工和顾客之间发生冲突

所有员工都应接受“顾客服务培训”，树立员工服务意识。各岗位按照服务标准，做到快捷、准确、规范。保持信道的顺畅，高峰时做好楼层及收银区的客流疏导。对顾客的询问及所提要求，应耐心解答，尽量提供所需帮助。遇到问题较多的顾客，应保持冷静和耐心，不与其争执，更不可动手。销售高峰期，楼层管理人员应加强楼层巡视，处理突发事件。对于棘手问题，员工应立即报管理层处理。

（二）员工与顾客间冲突的处理

1. 一般性争吵

目击员工或管理层应立即上前，无论哪一方有错，首先向顾客致以歉意，然后询问原因。倾听顾客诉说，分析判断。一般情况下，将此员工带到一边，了解情况。合理劝解顾客，必要时请顾客到办公室解决。

2. 发生动手事件

目击员工应立即将冲突双方拉开，不应袖手旁观，不可偏袒己方同事，不应指责顾客，第一时间通知管理人员及管理部赶至现场，由管理人员根据当时情况做出灵活处理。如一方或双方受伤，要首先紧急处理，并由管理人员决定是否就医。如顾客提出索赔，应报管理层及法律部。必要时请警方介入。

三、物品丢失事件的处理程序

（一）如何预防丢失事件的发生

广播室根据客流情况加大安全广播力度，门店员工和促销员工对有疏忽的顾客及时巧妙地做出提醒，保安和门店管理人员加强巡视，设立醒目的标牌提示，门店外派保安定期巡视，以起警告作用。

（二）丢失事件发生的处理

1. 顾客当时发现财物被偷窃，且清楚记得偷窃嫌疑人

离顾客最近的员工应及时上前询问清楚偷窃嫌疑者的详细特征，根据顾客的描述，带顾客到门店出入口找保安员，并立即报警。协助顾客在出口处拦截可疑之人，管理部根据当时情况做出相应处理：如拦截到可疑人，由顾客指证；否则应到服务台登记，并到派出所报案。

2. 顾客不知何时丢失财物

员工可安抚、询问“物品放在何处，有无留意到周围有可疑之人”，带失窃顾客到服务台登记，服务台用广播告知顾客和员工，帮助该顾客寻找失物，如有员工在门店内发现无人认领的物品，应立即送到服务台，不得单独翻看。如有必要，根据顾客要求协助其到派出所报案，顾客索要赔偿，商场员工不可做出任何赔偿承诺，遇有任何疑问及时联系商场管理人员。

3. 目击小偷偷窃顾客财物

第一时间告诉受害者，以挽回损失。协助抓小偷时注意自身安全，抓小偷时应大声制止，争取周围员工和顾客的帮助与支持。处理同时，通知保安部/领班/商场管理层。抓住小偷后一定要留住顾客作为证人，证据充分，把小偷送往公安机关。

四、抄价格的处理程序

（一）处理程序

当看到有人抄价格时，员工应立即通知商场管理人员，商场管理人员应上前礼貌询问是否需要帮助。如属不知情的顾客，则耐心解释相关政策并提供帮助。如属竞争对手，则礼貌告知并继续观察，如对方态度强硬，继续抄写，可通知管理部保安人员/领班给予协助。

（二）注意事项

无论哪种情况，均应用三米微笑原则及礼貌语言，避免投诉，尤其不能接触顾客身体或没收他的东西。

【牛刀小试】

如果你是任务情境的导购，参考以下流程提出具体的处理方案。

（1）先弄清楚事情的来龙去脉。

（2）态度诚恳，礼貌解决。

（3）共同找出解决问题的方法。

（4）向领导汇报情况，申请批准。

【任务评价】

任务学习评价表

店铺名称：　　　　成员：　　　　　　　　　　　　　　　　时间：第　　周第　　节

评价任务	评价关键点	配分	自评分	互评分	教师评分
遇到事情的态度	是否谨慎、冷静、不慌张	30			
处理程序	是否符合要求	30			
顾客反应	是否良好	20			
自己的反思	是否良好	20			

【同步练习】

一、填空题

1. 发生动手事件时，目击员工应________通知楼层管理人员和管理部，不可袖手旁观。

2. 所有员工应接受________，树立员工服务意识。各岗位按照服务标准，做到快捷、准确、规范。

3. 无论发生的是哪种突发危机情况，均应用________原则及礼貌语言，避免投诉。

二、判断题

(　　) 1. 购物高峰期，保持楼层、货架之间通道的顺畅，保持商场温度适中，避免顾客因温度不适而心情烦躁。

(　　) 2. 目击小偷偷窃顾客财物，第一时间告诉受害者，以挽回损失。

(　　) 3. 为了避免偷盗事情发生，保安应该经常巡视楼层，注意可疑人员。

三、简答题

1. 如何预防顾客之间发生冲突？

2. 顾客之间发生冲突时如何处理？

3. 员工和顾客之间发生冲突时如何处理？

4. 抢劫事件的处理程序是怎样的？

参考答案 5.4

四、实训题

遇到顾客上门换货，如何进行处理？让学生进行演练。

项目 6

日常营业管理

项目概述

日常营业管理是门店运营中必不可少而且是非常重要的工作内容。掌握日常管理的要求和技巧，对于营销管理人员是一项日常操作。本项目共有三个学习任务，包括：早会，团队日常监督与激励，门店安全管理。通过本项目的学习和训练，学习者可以丰富门店日常营业管理技能，充分争取与运用资源，提升职业素养。

任务 6.1 早会

【任务目标】

1. 知道开展早会的必要性。

【任务评价】

任务学习评价表

评价任务	评价关键点	配分	自评分	互评分	教师评分
早会作用	知道早会的重要性	10			
早会经营评价	能根据早会需要做准备	10			
	能更新创新早会主题	20			
	表达流畅、清晰	30			
	能现场沟通，激发他人斗志	30			

【同步练习】

一、判断题

（　　）1. 早会主持人应表达流畅、清晰，语言要有煽动性，不要有歧义。

（　　）2. 早会集全日的管理于 20 分钟之内，全方位地对每个人、每件事进行清理和控制，以改善员工的精神面貌，创建组织学习文化，建立相互检查、监督考核机制，聚焦企业品牌文化引导企业行为，提高核心竞争力。

（　　）3. 开早会是调整员工一天工作状态的重要方式。

（　　）4. 只要开早会就能调整员工的工作状态。

（　　）5. 早会是企业的信息沟通平台。

（　　）6. 早会是企业管理人才的培训平台。

（　　）7. 早会能扩大学习的领域。

（　　）8. 早会只需要讲工作任务就足够了。

（　　）9. 早会的类型有很多种，每种早会都会达到不同的效果。

（　　）10. 开早会是进行企业理念、文化、管理思想灌输的最佳时机。

二、多项选择题

1. 主持人的沟通技巧包括（　　　　）。

A. 说话的技巧　　B. 听话的技巧

C. 眼神沟通　　D. 肢体沟通

2. 现场控制的能力有（　　　　）。

A. 眼神交流　　B. 肢体语言

C. 控制时间　　D. 学习能力

3. 主持人应具备的能力有（　　　　）。

A. 沟通能力　　B. 让人快乐的能力

C. 激发他人动机的能力　　D. 现场控制的能力

4. 早会经营的要点有（　　）。

A. 精心的准备：成功来自好的准备

B. 营造热烈的气氛

C. 早会主持人表达流畅、清晰，语言要有煽动性，不要有歧义

D. 早会主题及内容要不断创新，让员工觉得有持续的收益

5. 早会的类型有（　　）。

A. 记者招待会式的早会　　B. 嘉宾面对面的早会

C. 早餐俱乐部式的早会　　D. 视频会议式的早会

三、简答题

1. 早会召开准备些什么内容？

2. 早会经营的要点有哪些？

3. 主持人应具备哪些能力？

参考答案 6.1

四、实训题

假设你校创业街或创业实训基地或校外实训基地的店铺已经完成了正式开店准备工作，你作为某一店铺的负责人，为了调整员工一天工作状态，请为你的员工开个早会。

任务 6.2 团队日常监督与激励

【任务目标】

1. 了解怎样成为一名优秀的团队成员。
2. 掌握团队日常管理技巧。
3. 掌握团队激励方法。

【任务情境】

小陈想学习某大型超市的团队监督与激励方式，让自己的新超市员工更有工作热情，团队沟通更顺畅，超市运作更好。你能帮助他吗？

【应知应会】

一、团队的概念

团队（team）是由员工和管理层组成的一个共同体，它合理利用每一个成员的知识和技能协同工作，解决问题，达到共同的目标。

团队的构成要素可总结为 5P：目标（purpose）；人员（people）；定位（place）；权限（power）；计划（plan）。

二、如何成为一名优秀的团队成员

（1）积极地参与辩论。

（2）接受团队达成的共识。

（3）承担两次会议之间需要完成的一份工作，并且高质量地按时完成任务。

（4）各种计划和行动一经达成共识，对领导和团队以外的其他成员予以支持。

（5）为团队以及需要完成的工作注入高度的活力和热情。

（6）承认团队其他成员所做的贡献和提供的帮助。

三、团队管理的三项基本要求

（一）管好“事”，怎样管理好事

（1）把所有的事摆出来。

（2）把需要做的事列出来。

（3）把需要做的事进行分类。

（4）把需要做的事责任到人。

（5）确定完成工作的时间段。

（6）总结工作的得与失。

（二）理好“人”，怎样理好“人”

（1）手下有哪些人？

（2）这些人情况如何？

（3）哪些人适合干哪些事？

（4）适时的工作沟通。

（5）取得好“结果”。

（三）怎样取得好“结果”

（1）注重过程。

（2）注重细节。

（3）注重实效。

（4）注重反馈。

四、团队日常管理

（一）重点客户变动情况

主要包括：① 单店售卖力增长情况。② 客情维护情况。③ 产品新鲜度管理。④ 出勤情况。⑤ 终端形象维护情况。

（二）营销例会

① 主题明确。② 目标是什么，达到哪一步？③ 存在什么问题，为什么？④ 如何解决？解决问题方案。⑤ 如何落实任务，协调作业。⑥ 下一步的目标、任务。

（三）培训辅导

培训辅导主要围绕以下几方面开展：① 制订个人工作计划。② 进行有效的时间管理。③ 养成良好的工作习惯。④ 自我评价、自我调节。⑤ 自律自强、实现目标。

五、团队激励

弗朗西斯说："你可以买到一个人的时间，你可以雇一个人到固定的工作岗位，你可以买到按时或按日计算的技术操作，但你买不到热情，你买不到创造性，你买不到全身心地投入，你不得不设法争取这些。"而通过激励，却可以争取到这些。

（一）激励的主要方法

1. 榜样激励

在任一个组织里，管理者都是下属的镜子。可以说，只要看一看这个组织的管理者是如对待工作的，就可以了解整个组织成员的工作态度。"表不正，不可求直影。"要让员工充满激情地去工作，管理者就先要做出榜样来。

（1）领导是员工们的模仿对象。

（2）激励别人之前，先要激励自己。

（3）要让下属高效，自己不能低效。

（4）塑造起自己精明强干的形象。

（5）做到一马当先、身先士卒。

（6）用自己的热情引燃员工的热情。

（7）你们干不了的，让我来。

（8）把手"弄脏"，可以激励每一个员工。

（9）在员工当中树立起榜样人物。

2. 目标激励

激发员工不断前进的欲望。人的行为都是由动机引起的，并且都是指向一定的目标的。这种动机是行为的一种诱因，是行动的驱力，对人的活动起着强烈的激励作用。管理者通过设置适当的目标，可以有效诱发、导向和激励员工的行为，调动员工的积极性。

（1）让员工对企业前途充满信心。

（2）用共同目标引领全体员工。

（3）把握"跳一跳，够得着"的原则。

（4）制定目标时要做到具体而清晰。

（5）要规划出目标的实施步骤。

（6）平衡长期目标和短期任务。

（7）从个人目标上升到共同目标。

3. 授权激励

重任在肩的人更有积极性。有效授权是一项重要的管理技巧。不管多能干的领导，也不可能把工作全部承揽过来，这样做只能使管理效率降低，下属成长过慢。通过授权，管理者可以提升自己及下属的工作能力，更可以极大地激发起下属的积极性和主人翁精神。

（1）不要成为公司里的“大管家”。

（2）权力握在手中只是一件死物。

（3）用“地位感”调动员工的积极性。

（4）“重要任务”更能激发起工作热情。

4. 尊重激励

尊重是一种最人性化、最有效的激励手段之一。以尊重、重视员工的方式来激励他们，其效果远比物质上的激励要来得更持久、更有效。可以说，尊重是激励员工的法宝，其成本之低、成效之卓，是其他激励手段都难以企及的。

（1）尊重是有效的零成本激励。

（2）懂得尊重可得“圣贤归”。

（3）对有真本事的大贤更要尊崇。

（4）责难下属时要懂得留点面子。

（5）尊重每个人，即使他地位卑微。

（6）越是地位高，越是不能狂傲自大。

（二）激励的形式

（1）物质激励：工资（奖金），福利，奖励。

（2）制度激励：目标激励，荣誉激励，兴趣激励，参与激励，内在激励，晋升激励。

（3）企业文化：文化激励，形象激励。

六、员工努力积极工作的动机

（1）被认同，被肯定。

（2）拥有公平的晋升机会。

（3）感到自己是事业大局中的一员。

（4）对工作有兴趣。

（5）对生活有安全感。

（6）良好的工资和福利待遇。

（7）被关心，被关注，有归属感。

（8）能够预见未来。

（9）纪律约束适当。

（10）工作环境、工作条件良好。

七、员工士气低落的原因

（1）领导方式有问题。

（2）指导与监管不足。

（3）自认为受到了不公正对待。

（4）对薪酬福利不满。

（5）缺乏被重视的感觉。

（6）对自己在团队的地位不满。

（7）缺少被认同。

（8）害怕上级主管。

（9）缺乏参与。

（10）缺乏（工作/生活）安全感。

（11）认为上司无能，不胜任。

（12）不理解工作的重要性和工作与全局的关系。

（13）没机会发挥他最擅长的技能和能力。

【牛刀小试】

（1）在任务情境中，小陈要学习某大型超市先进的团队沟通方式，再结合自身超市特点才能发挥团队的最大优势。

① 清晰的目标。高效的团队对要达到的目标有清楚的理解，并坚信这一目标包含重大的意义和价值。

② 相互的信任。成员间相互信任是有效团队的显著特征，也就是说，每个成员对其他人的品行和能力都确信不疑。

③ 相关的技能。高效的团队是由一群有能力的成员组成的。

④ 一致的承诺。高效的团队成员对团队表现出高度的忠诚和承诺，为了能使群体获得成功，他们愿意去做任何事情，我们把这种忠诚和奉献称为一致承诺。

⑤ 良好的沟通。毋庸置疑，这是高效团队一个必不可少的特点。群体成员通过畅通的渠道交流信息，包括各种言语交流和非言语交流。此外，管理层与团队成员之间健康的信息反

馈也是良好沟通的重要特征，它有助于管理者指导团队成员的行动，消除误解。

⑥ 谈判技能。以个体为基础进行工作设计时，员工的角色有工作说明、工作纪律、工作程序及其他一些正式或非正式文件明确规定。

⑦ 恰当的领导。有效的领导者能够让团队跟随自己共同度过最艰难的时期，因为他能为团队指明前途所在，他向成员阐明变革的可能性，鼓舞团队成员的自信心，帮助他们更充分地了解自己的潜力。

⑧ 内部和外部的支持。要成为高效团队的最后一个必需条件就是它的支持环境。从内部条件来看，团队应拥有一个合理的基础结构。

（2）根据管理考核表（见表6-5），评价小组团队。

表6-5　管理考核表

姓名：＿＿＿＿＿　岗位名称：＿＿＿＿＿＿＿＿＿　总得分：＿＿＿＿

项目及考核内容		配分	评分	上级审核
领导能力 15%	善于领导部属提高工作效率，积极达成工作计划和目标	15		
	灵活运用部属顺利达成工作计划和目标	13～14		
	尚能领导部属勉强达成工作计划和目标	11～12		
	不得部属信赖，工作意愿低沉	7～10		
	领导方式不佳，常使部属不服或反抗	7以下		
策划能力 15%	策划有系统，能力求精进	15		
	尚有策划能力，工作能力求改善	13～14		
	称职，工作尚有表现	11～12		
	只能做交办事项，不知策划改进	7～10		
	缺乏策划能力，须依赖他人	7以下		
工作任务及效率 15%	能出色完成工作任务，工作效率高，具有卓越创意	15		
	能胜任工作，效率较高	13～14		
	工作不误期，表现符合标准	11～12		
	勉强胜任工作	7～10		
	工作效率低，时有差错	7以下		
责任感 15%	有积极责任心，能彻底完成任务，可放心交代工作	15		
	具有责任心，能完成任务，可交付工作	13～14		
	尚有责任心，能如期完成任务	11～12		
	责任心不强，需有人督导，亦不能如期完成任务	7～10		
	无责任心，时时需督导，也不能完成任务	7以下		
沟通协调 10%	善于上下沟通平衡协调，能自动自发与人合作	10		
	乐意与人沟通协调，顺利完成任务	8～9		
	尚能与人合作，达到工作要求	7		
	协调不善，致使工作较难开展	5～6		
	无法与人协调，致使工作无法开展	5以下		

续表

项目及考核内容		配分	评分	上级审核
授权指导 10%	善于分配权力，积极传授工作知识，引导部属完成任务	10		
	灵活分配工作或权力，有效传授工作知识完成任务	8~9		
	尚能顺利分配工作与权力，指导部属完成任务	7		
	欠缺分配工作权力，以及指导部属之方法，任务进行偶有困难	5~6		
	不善分配权力及指导部署之方法，内部时有不服及怨言	5 以下		
工作态度 10%	品德廉洁，言行诚信，立场坚定，足为楷模	10		
	品行诚实，言行规矩，平易近人	8~9		
	言行尚属正常，无越轨行为	7		
	固执己见，不易与人相处	5~6		
	私务多，经常利用上班时间处理私事，或擅离岗位	5 以下		
成本意识 10%	成本意识强烈，能积极节省，避免浪费	10		
	具备成本意识，并能节约	8~9		
	尚有成本意识，尚能节约	7		
	缺乏成本意识，稍有浪费	5~6		
	无成本意识，经常浪费	5 以下		
备注： 关于“工作任务”这个项目，必须另附上工作计划及工作总结供参考和审核				
考核人签名		（副）总经理确认		考核日期

【任务评价】

任务学习评价表

评价任务	评价关键点	配分	自评分	互评分	教师评分
团队意义	理解团队的构成五要素	10			
团队管理	知道绩效管理注意事项	20			
	知道营销例会注意事项	10			
	知道培训辅导注意事项	20			
团队激励	知道员工士气低落的原因	20			
	知道员工努力工作的动机	20			

【同步练习】

一、判断题

（　　）1. 以个体为基础进行工作设计时，员工的角色有工作说明、工作纪律、工作程序及其他一些正式或非正式文件明确规定。

（　　）2. 有效的领导者能够让团队跟随自己共同度过最艰难的时期。

（　　）3. 高效的团队是由一群有能力的成员组成的。

（　　）4. 要成为高效团队不需要支持它的环境。

（　　）5. 成员间相互信任是有效团队的显著特征，也就是说，每个成员对其他人的品行和能力都确信不疑。

（　　）6. 团队（team）是由员工和管理层组成的一个共同体，它合理利用每一个成员的知识和技能协同工作，解决问题，达到共同的目标。

（　　）7. 良好的沟通是高效团队一个必不可少的特点。

（　　）8. 高效的团队成员对团队表现出高度的忠诚和承诺，为了能使群体获得成功，他们愿意去做任何事情，我们把这种忠诚和奉献称为一致承诺。

（　　）9. 员工士气低落的原因之一是领导方式有问题。

（　　）10. 员工努力积极工作的动机之一是被认同、被肯定。

二、多项选择题

1. 员工努力积极工作的动机有（　　　　）。

A. 被认同，被肯定　　B. 拥有公平的晋升机会

C. 对工作有兴趣　　D. 良好的工资和福利待遇

2. 员工士气低落的原因有（　　　　）。

A. 领导方式有问题　　B. 指导与监管不足

C. 自认为受到了不公正对待　　D. 对薪酬福利不满

3. 激励的主要方法有（　　　　）。

A. 目标激励　　B. 榜样激励

C. 需要激励　　D. 学习激励

4. 团队的构成要素总结为5P，即（　　　　）和计划（plan）。

A. 目标（purpose）　　B. 人员（people）

C. 定位（place）　　D. 权限（power）

三、简答题

1. 激励的主要方法有哪些？

2. 部分人员低绩效的真正原因有哪些？

四、实训题

你是创业街的 CEO（首席执行官），但是最近一段时间，你发现你的团队没有活力，每个人都很懒散，你一个人做得很辛苦。你能否运用这节所学，去激励你的团队，让你的团队充满活力呢？

参考答案 6.2

任务 6.3 门店安全管理

【任务目标】

1. 明确门店安全管理的责任与意识。
2. 掌握门店安全管理的各类安全处理措施。

【任务情境】

小陈的新超市规模越来越大，货物品种越来越多，在一次早会中，有员工反映由于店里杂物过多，箱子、盒子没有及时进行整理，随意堆放，不仅影响门店形象，更重要的是堵塞通道，影响店员和顾客的日常工作和购物，甚至还有安全隐患。为此，小陈决定重新制订一整套门店的安全管理制度，设立专门的门店安全检查表，以减少安全隐患。

【应知应会】

一、门店安全管理的概念

门店安全管理是指门店运用各种管理方法或制度，在意外事件尚未发生前，极力预防门店内各种可见的或潜在的危险，以降低门店的财物损失，确保员工、顾客以及其他相关人员的人身安全。一般门店的安全管理项目包括防抢、防盗、防意外、防火、停水以及停电意外事故处理等，种类繁多，各项目又可分为预防措施与应变措施。安全是门店的命脉，更为一切工作的首要条件，身为管理者，必须随时注意到员工、顾客及门店设施的工作安全。只有确保工作安全，避免意外事故的发生，才能保障门店的正常运营；唯有安全的工作环境，才能使员工安心地工作。没有安全一切归零。

二、安全责任与意识

为保证门店正常运作，店长及所有店内员工必须具备安全管理意识。安全管理涉及门店建筑物、钱财、商品、设备，以及员工及顾客人身安全。各项安全管理的宗旨是：重在事前预防，事中处理，时刻检讨、杜绝隐患。

门店安全多实行店长负责制。

（1）店长负责制是指店长根据公司的授权，全面负责门店的安全管理。

（2）店长要做好门店安全管理的指导、培训，增强员工安全意识和能力。

（3）店长要带头做好店内的货品安全、资金安全工作，保障员工人身安全。

三、门店安全管理分类

（一）用电安全管理

（1）安全检查。必须按规定进行电路安全检查。检查内容包括：电气设备的绝缘是否破损；绝缘电阻值是否合格；设备的裸露带电部分是否有保护；保护接地、接零是否正确、可靠等。

（2）自觉增强安全用电意识，坚持“安全第一，预防为主”的思想，确保生命和财产安全，从内心真正地重视安全，促进安全生产。

（3）要熟悉自己工作现场电源总开关的位置，一旦发生火灾、触电或其他事故时，第一时间切断电源，避免造成更大的财产损失和人身伤亡事故。

（4）不能私拆灯具、开关、插座等设备，不要使用灯具烘烤衣物或挪作其他用途，当设备内部出现冒烟、拉弧、焦味等不正常现象，应立即切断设备的电源，并通知电工人员进行检修，避免扩大故障范围和发生触电事故；当漏电保护器（俗称漏电开关）出现跳闸现象时，不能私自重新合闸。

（5）确保电器设备（如电脑、音响等）良好散热，不能在其周围堆放易燃易爆物品及杂物，防止因散热不良而损坏设备或引起火灾。

（6）珍惜电力资源，养成安全用电和节约用电的良好习惯，当要长时间离开或不使用时，要确定已切断电源（特别是电热器具）。

（7）带有机械传动的电器、电气设备，必须装护盖、防护罩或防护栅栏进行保护才能使用，不能将手或身体伸入运行中的设备机械传动位置。对设备进行清洁时，须确保已切断电源、机械已停止工作并确保安全，防止发生人身伤亡事故。

（二）消防安全管理

（1）营业期间安全出口门禁止上锁，严禁用其他物品将防火门卡住。

（2）严禁在疏散通道堆积物品。

（3）禁止客人将易燃易爆物品带到营业场所。

（4）服务员要随时注意客人划着的火柴和未熄灭的烟头是否落在烟灰缸外，用水将未熄灭的烟头浇灭。

（5）营业场所发现异味、烟烧焦味、电器烧焦味，要及时检查处理并通知相关部门。

（6）每班的班后检查，要对每一个角落仔细检查，是否遗留火种，电器、电源是否关闭。自查无误后由本部门值班人员随从检查，确认安全后双方在班后检查记录上签名，最后关闭电源总开关，锁好门方可离开。

（三）财产安全管理

（1）收银员在值班完成之前，要核对收银机抽屉，确保现金平衡。抽屉现金必须清点，而且将营业额和付款方式所计算出应有的现金额进行对比。

（2）收银机和保险柜密码以及钥匙必须有管理人员分开管理，不得由一人同时管理。

（3）钱箱要做到合理使用，随手关闭，并且依照店内制定的程序操作。

（4）为了降低风险，收银柜的现金要及时存入银行。

【牛刀小试】

在任务情境中一旦发生火情，应迅速将火警信息传到消防控制中心或安全部，报警方式通常有三种：① 自动报警装置报警。② 员工报警，应讲清着火地点、部位、燃烧物品、目前状况及报警人姓名和电话。③ 客人报警，应向报警人了解着火地点、部位、燃烧物品、目前状况及报警人姓名和电话，并准确做好记录。

消防控制中心或安全部接到报警后，要迅速通知保安巡逻员到现场检查：① 如属误报，解除报警。② 如确认起火，即通知电话总机联系相关部门领导或向 119 报警。

根据任务单（见表 6-6），至少对 3 间以上店铺进行安全检查分析。

表6-6　门店安全管理检查表

店名：　　　　　　　　　　　　　　　　　　　　　　　　　　　　　　　　　　年　　月　　日

检　查　情　况： 安全管理总分100分，占全年门店考核机制方案权重的15%				
内　容	计分	权重	汇总	备注
消防安全		40%		
人员安全		10%		
财产安全		15%		
现金安全		15%		
商品安全		20%		

检查明细		
内容	项目内容及子项明细	备注
一、消防安全（40分）	■ **1. 消防器材日常检查和管理（10分）**	有一项未执行扣3分，两项未执行不得分
	□ 消防器材有检查表并每半个月定期检查记录	
	□ 定期进行消防知识的培训并记录	
	□ 所有安全疏散通道内必须清洁、畅通无杂物	
	□ 安全出口指示牌、疏散指示牌、应急照明灯能正常使用	
	□ 安全出口指示牌、疏散指示牌、应急照明灯无商品、POP、杂物等遮挡	
	□ 定期组织消防安全演习	
	□ 员工掌握基本消防器材的使用	
	□ 管理人员清楚自己的消防责任区及责任	
	□ 物品堆放高度适当，不得超过喷淋头的位置，离日光灯管等电器设备的距离须大于50 cm	
	□ 员工会使用灭火器等消防设备	
	□ 消防器材分布位置必须合理，灭火器足够（符合相关部门要求）	
	□ 消防器材必须能够正常使用，无失效、自然损坏现象，过期的灭火器及时更换	
	□ 消防器材不被随意移动或存放物品挪作他用	
	□ 门店贴有消防疏散图，成立安全应急小组并落实安全责任制	
	□ 物品摆放与消防器材位置之间距离必须大于50 cm	
	■ **2. 配电房/空调主机房的管理（2分）**	有一项未执行不得分
	□ 门店工程部必须每天派专人进行巡视、检查和检修，发现问题立即整改	
	□ 配电房、空调主机房内严禁不按规定摆放商品等杂物，严禁无关员工出入	
	□ 高压配电房贴有安全标识	
	□ 电工班建立安全管理制度	
	□ 配电房有安全巡检记录	

续表

内容	项目内容及子项明细	备注
一、消防安全（40 分）	■ **3. 电气设备管理（10 分）**	有一项未执行扣 3 分，两项未执行不得分
	□ 配电房、空调主机房内和配电箱内必须清洁无杂物，通风必须良好	
	□ 电源插座牢固，无损坏	
	□ 电线必须按规定设置，无乱搭接电线、插座情况	
	□ 电气设备不得过热过负荷，必须性能良好，能够安全正常运转	
	□ 冷冻设备温度显示与实际必须相符、正确	
	□ 临时接线电源插座不得过负荷，不能插接过多的插头	
	□ 所有用电设备应在不违反额定功率等安全参数的情况下使用，无违规用电情况	
	□ 所有档口电气设备须由专人管理和使用，无违规操作情况	
	□ 严禁在电气设备上悬挂、张贴杂物	
	□ 严禁在电气设备周围放置易燃易爆物品	
	■ **4. 消防管理（18 分）**	有一项未执行扣 3 分，有两项未执行不得分
	□ 划分防火责任区	
	□ 与员工签订消防安全、安全生产、社会综合治理责任书	
	□ 交接班手续完善，报警、处警及时、果断	
	□ 有防损检查记录	
	□ 无乱拉、乱接电线	
	□ 晚上下班后关闭电源	
	□ 危险物品按规定存放	
	□ 没有物品堆放在通道、消防前室	
	□ 消防卷帘下方没有堆放物品，升降顺畅	
	□ 消防器材摆放到位	
	□ 消防设施、器材未被物品遮挡	
	□ 员工熟悉本超市的消防疏散通道及消防器材、设施摆放位置	
	□ 接到消防隐患通知后在规定的时间内整改完毕	
	□ 接到消防隐患通知在规定的时间内整改，并说明原因，未被上级消防部门检查出问题	
	□ 清场、检查认真，按规定的程序去做，无隐患	
	□ 消防器材卫生干净、无灰尘	
	□ 消防栓、灭火器定位管理，责任到人	
	□ 消防栓前不堆放商品杂物	
	□ 消防栓配件齐全，有水	
	□ 配电盒下 1 米内不准堆放商品杂物，外观不清洁	
	□ 电器插座落地陈放，不能置放于易燃物品上方	
	□ 安检器天线上没有金属饰品等	
	□ 对于每次报警记录	

续表

<table>
<tr><th>内容</th><th>项目内容及子项明细</th><th>备注</th></tr>
<tr><td rowspan="11">二、人员安全（10分）</td><td>☐ 没有违规使用叉车、平板车、人字梯等（含卖场内）</td><td rowspan="11">有一项未执行扣3分，两项未执行不得分</td></tr>
<tr><td>☐ 卖场内热卖促销点必须有明显的安全标识和专人现场演示</td></tr>
<tr><td>☐ 不允许使用湿抹布擦拭带电设备</td></tr>
<tr><td>☐ 不得徒手攀爬货架</td></tr>
<tr><td>☐ 电工高空作业必须做好必要的安全防护措施，如佩戴安全帽、安全绳等</td></tr>
<tr><td>☐ 电工在带电操作时必须坚持双人原则并有电工证</td></tr>
<tr><td>☐ 无论发生何种疾病和伤害，立即向上级汇报</td></tr>
<tr><td>☐ 工作期间不得扰乱他人注意力，营业期间不允许在卖场内嬉笑打闹</td></tr>
<tr><td>☐ 未违规使用机械设备</td></tr>
<tr><td>☐ 员工熟悉安全搬运常识</td></tr>
<tr><td>☐ 未在营业时间内因工作造成员工伤残的</td></tr>
<tr><td rowspan="23">三、财产安全（15分）</td><td>■ 1. 资产管理（6分）</td><td rowspan="12">有一项未执行不得分</td></tr>
<tr><td>☐ 购物车、篮定期盘点，回收路线正常安全</td></tr>
<tr><td>☐ 闲置资产及时上报处理</td></tr>
<tr><td>☐ 场外的设备、设施有专人负责或做好防护措施</td></tr>
<tr><td>☐ 固定资产（室外空调主机、压缩机等）每天由专人负责管理</td></tr>
<tr><td>☐ 固定资产调入、调出按流程办理相关手续</td></tr>
<tr><td>☐ 定期对固定资产进行盘点</td></tr>
<tr><td>☐ 供应商到门店退货先验明身份，再办理退货</td></tr>
<tr><td>☐ 收银纸存放地安全</td></tr>
<tr><td>☐ 对出现的设备故障及时报告</td></tr>
<tr><td>☐ 按设备操作规程作业，未造成设备不能正常使用</td></tr>
<tr><td>☐ 门店地面瓷砖、顶棚、墙壁无破损需维修情况</td></tr>
<tr><td>■ 2. 自动存包柜（3分）</td><td rowspan="6">有一项未执行不得分</td></tr>
<tr><td>☐ 每天营业前进行清箱检查</td></tr>
<tr><td>☐ 放置盛密码纸小箱</td></tr>
<tr><td>☐ 清箱检查有遗漏商品登记本</td></tr>
<tr><td>☐ 有非正常开箱记录本</td></tr>
<tr><td>☐ 自动存包柜卫生干净，无灰尘</td></tr>
<tr><td>■ 3. 电梯（2分）</td><td rowspan="4">有一项未执行不得分</td></tr>
<tr><td>☐ 货梯、客梯设定专人管理，卫生清洁</td></tr>
<tr><td>☐ 货梯、客梯负责人员掌握电梯的使用保养常识</td></tr>
<tr><td>☐ 有安全警示标志，有报警电话</td></tr>
</table>

续表

<table>
<tr><th>内容</th><th colspan="6">项目内容及子项明细</th><th>备注</th></tr>
<tr><td rowspan="8">三、财产安全（15 分）</td><td colspan="6">■ 4. 加工器械（4 分）</td><td rowspan="8">有一项未执行扣 3 分，两项未执行不得分</td></tr>
<tr><td colspan="6">□ 设备安排专人负责，标明责任人</td></tr>
<tr><td colspan="6">□ 墙上有对应的各种设备操作规范及保养</td></tr>
<tr><td colspan="6">□ 设备使用前对新员工进行培训，有培训记录，有交接记录</td></tr>
<tr><td colspan="6">□ 卖场内的设备厂名厂址、电话暴露在外，设备说明书齐全</td></tr>
<tr><td colspan="6">□ 各门的钥匙由专人管理</td></tr>
<tr><td colspan="6">□ 地漏都有盖</td></tr>
<tr><td colspan="6">□ 各种设备卫生合格</td></tr>
<tr><td rowspan="11">四、现金安全（15 分）</td><td colspan="6">□ 金库人员进出，按照公司要求管理</td><td rowspan="11">有一项未执行不得分</td></tr>
<tr><td colspan="6">□ 金库密码按照公司要求每 3 个月更换一次</td></tr>
<tr><td colspan="6">□ 特殊情况下进出金库人员经过授权并知会防损部</td></tr>
<tr><td colspan="6">□ 金库内建立人员进出登记本</td></tr>
<tr><td colspan="6">□ 金库内除存放公司的现金和卡券外，不得存放其他杂物和个人物品</td></tr>
<tr><td colspan="6">□ 营业期间金库防盗门和保险柜需上锁</td></tr>
<tr><td colspan="6">□ 如有人员变动，应于被调（或离职）人员离开工作岗位日更换密码</td></tr>
<tr><td colspan="6">□ 营业期间定时回收大钞</td></tr>
<tr><td colspan="6">□ 当天营业款回收逐一核对并做好记录</td></tr>
<tr><td colspan="6">□ 收银员将款袋每天封存好统一保管</td></tr>
<tr><td colspan="6">□ 收银员备用金的领取做好登记，每天执行收银现场盘点</td></tr>
<tr><td rowspan="12">五、商品安全（20 分）</td><td colspan="6">□ 各类商品及时归类还原，商品无灰尘和污损</td><td rowspan="12">有一项未执行扣 3 分，两项未执行扣 8 分，三项未执行不得分</td></tr>
<tr><td colspan="6">□ 高值商品、易盗商品做好防盗工作，每天执行高值商品盘点流程</td></tr>
<tr><td colspan="6">□ 每天检查商品保质期，无大量商品过期现象</td></tr>
<tr><td colspan="6">□ 商品管理遵循先进先出的原则</td></tr>
<tr><td colspan="6">□ 标价签纸要妥善保管，以免给行为不轨者有可乘之机</td></tr>
<tr><td colspan="6">□ 孤儿商品安排专人及时回收</td></tr>
<tr><td colspan="6">□ 抽查高值商品账货相符率（每次抽查数不少于 20 个），低于 70%扣分</td></tr>
<tr><td>商品编码</td><td>系统库存</td><td>实际库存</td><td>商品编码</td><td>系统库存</td><td>实际库存</td></tr>
<tr><td></td><td></td><td></td><td></td><td></td><td></td></tr>
<tr><td></td><td></td><td></td><td></td><td></td><td></td></tr>
<tr><td></td><td></td><td></td><td></td><td></td><td></td></tr>
<tr><td></td><td></td><td></td><td></td><td></td><td></td></tr>
</table>

续表

内容	项目内容及子项明细	备注
五、商品安全（20分）	□ 不让顾客从禁止进入的地方进入超市	有一项未执行扣3分，两项未执行扣8分，三项未执行不得分
	□ 不让顾客携带超市不允许带入的物品进入超市	
	□ 顾客未交款，不得将商品带出门店	
	□ 不在促销期间截留畅销商品或赠品	
	□ 员工不得截留顾客小票领奖	
	□ 未付款出口登记（严格按表格登记）：	
	□ 已付款出口登记（严格按表格登记）：	
	□ 原材料入场登记（严格按表格登记）：	
	□ 款台顾客遗留商品登记（严格按表格登记）：	
	□ 内部损耗登记（严格按表格登记）：	
	□ 存包柜顾客遗留商品登记（严格按表格登记）：	
	□ 赠品进场登记（严格按表格登记）：	
	□ 设备进场登记（严格按表格登记）：	
	□ 废品及垃圾出超市检查认真仔细	
	□ 凡抓住偷盗的奖50元	

【任务评价】

任务学习评价表

评价任务	评价关键点	配分	自评分	互评分	教师评分
门店的安全管理	知道门店的安全管理项目	20			
门店安全管理措施	用电安全措施	20			
	消防安全措施	20			
	生产安全措施	20			
	食品安全措施	20			

【同步练习】

一、判断题

（　　）1. 门店安全管理是指门店运用各种管理方法或制度，在意外事件尚未发生前，极力预防门店内各种可见的或潜在的危险，以降低门店的财务损失，确保员工、顾客以及其他相关人员的人身安全。

(　　) 2. 收银机和保险柜密码以及钥匙必须由管理人员分开管理，不得由一人同时管理。

(　　) 3. 营业场所发现异味、烟烧焦味、电器烧焦味，要及时检查处理并通知相关部门。

(　　) 4. 可以私拆灯具、开关、插座等电器设备。

(　　) 5. 店长根据公司的授权，全面负责门店的安全管理。

(　　) 6. 为保证门店正常运作，店长及所有店内员工必须具备安全管理意识。

(　　) 7. 安全管理涉及门店建筑物、钱财、商品、设备，以及员工及顾客人身安全。

(　　) 8. 收银员在值班完成之前，要核对收银机抽屉，确保现金平衡。抽屉现金必须清点，而且将营业额和付款方式所计算出应有的现金额进行对比。

(　　) 9. 可以允许客人将易燃易爆物品带到营业场所。

(　　) 10. 确保电器设备（如电脑、音响等）良好散热，不能在其周围堆放易燃易爆物品及杂物，防止因散热不良而损坏设备或引起火灾。

二、多项选择题

1. 门店安全管理可分为（　　　　）。

A. 财产安全管理　　B. 食品安全管理

C. 生产安全管理　　D. 消防安全管理

2. 安全管理项目包括（　　　　）事故处理。

A. 防抢防盗　　B. 停水

C. 防意外　　D. 防火

3. 客人报警，应向报警人了解（　　　　）。

A. 着火地点、部位　　B. 燃烧物品

C. 目前状况　　D. 报警人姓名和电话

4. 安全管理涉及（　　　　）。

A. 门店建筑物　　B. 钱财、商品、设备

C. 员工　　D. 顾客人身安全

三、简答题

1. 简述门店安全作业管理的重要性。

2. 门店收银管理中应注意什么？

参考答案6.3

四、实训题

针对门店经常发生的未能准确接收进货而造成利润损失，试论述门店应该如何防止接收进货错误。

学习卡账号使用说明

一、注册/登录

访问 http://abook. hep. com. cn/sve，点击“注册”，在注册页面输入用户名、密码及常用的邮箱进行注册。已注册的用户直接输入用户名和密码登录即可进入“我的课程”页面。

二、课程绑定

点击“我的课程”页面右上方“绑定课程”，正确输入教材封底防伪标签上的20位密码，点击“确定”完成课程绑定。

三、访问课程

在“正在学习”列表中选择已绑定的课程，点击“进入课程”即可浏览或下载与本书配套的课程资源。刚绑定的课程请在“申请学习”列表中选择相应课程并点击“进入课程”。如有账号问题，请发邮件至：4a_admin_zz@ pub. hep. cn。